100 %
RECYCLINGPAPIER

Ermin Döll & Marcus Hillinger:
Das Zen des glücklichen Wanderns
© Theseus in J. Kamphausen
Mediengruppe GmbH, Bielefeld 2014
Lektorat: Susanne Klein,
Hamburg, www.kleinebrise.de

Umschlaggestaltung: Morian & Bayer-Eynck,
Coesfeld, www.mbedesign.de
Satz: KleiDesign, Bielefeld, klei-design.de
Umschlagfoto: © marekuliasz/shutterstock.com
Druck & Verarbeitung:
Westermann Druck Zwickau GmbH

www.weltinnenraum.de

2. Auflage 2015

Bibliografische Information der Deutschen Nationalbibliothek
Die Deutsche Nationalbibliothek verzeichnet diese
Publikation in der Deutschen Nationalbibliografie;
detaillierte bibliografische Daten sind im Internet
über **http://dnb.d-nb.de** abrufbar.

ISBN Printausgabe: 978-3-89901-794-6
ISBN E-Book: 978-3-89901-923-0

Dieses Buch wurde auf 100% Altpapier gedruckt und ist alterungsbeständig.
Weitere Informationen hierzu finden Sie unter www.weltinnenraum.de

Ermin Döll &
Marcus Hillinger

Das Zen
des glücklichen
Wanderns

Schritt für Schritt
zu sich kommen

Theseus Verlag

Von deinen Sinnen hinausgesandt,
geh bis an deiner Sehnsucht Rand;
gieb mir Gewand ...

Lass' dir alles geschehn: Schönheit und Schrecken.
Man muss nur gehen ...

Nah ist das Land,
das sie das Leben nennen ...
Gieb mir die Hand.

RAINER MARIA RILKE

Geh und suche die Quellen des Lebens,
und du wirst dir genug Bewegung verschaffen.

HENRY DAVID THOREAU

Zu meinen Versen, zu der Gesundheit der Seele,
aus der sie sich erheben, gehört das Land, weite
Wege, Barfußgehen im weichen Gras, auf harten
Wegen oder im reinen Schnee, tiefes Atemholen,
Horchen, Stille und die Andacht weiter Abende.

RAINER MARIA RILKE

Einleitung

Immer mehr Menschen machen sich zu Fuß auf und entdecken für sich das Gehen und Wandern neu. Immer mehr Wanderwege entstehen. Alte Pilgerwege werden wieder erschlossen und neue kommen dazu. Obwohl es viel bequemer ist, weite Strecken mit einem Fahrzeug zurückzulegen, entscheiden sich viele für das doch auch mühsame eigene Gehen. Und obwohl überall Erlebnistouren mit interessanten Sehenswürdigkeiten angeboten werden, suchen viele als Alternative eher das stille, mehr nach innen gewandte Gehen und Wandern. Wer diese Erfahrung einmal gemacht hat, weiß um die besondere Qualität eines *Gehens nach innen*, das wie von selbst zur Meditation wird.

Die folgenden Texte und Anleitungen zum Gehen und Wandern sind aus langjähriger Praxis der Zen-Meditation und des meditativen Unterwegsseins entstanden und möchten zu eigener Erfahrung anregen.

Der Weg zum Glück

Wandern ist vielleicht der einfachste und natürlichste Weg zum Glück. Wandern in freier Natur, einen Fluss entlang, durch ein stilles Tal, im Wald, in den Bergen ... – braucht es dafür noch eine Anleitung? Die Tatsache, dass immer wieder neue Bücher über das Glück des Wanderns erscheinen, weist auf ein allgemeines Bedürfnis, eine unerfüllte Sehnsucht hin. Worin besteht nun der besondere Weg des Zen zum Glück? Was hat es mit dem Zen des glücklichen Wanderns auf sich?

Wer kennt das nicht: Man hat sich auf den Spaziergang, auf die Wanderung gefreut – und dann beginnt es zu regnen, es zeigt sich, dass man das falsche Schuhwerk gewählt hat, es kommt zum Streit mit den Weggefährten über den richtigen Weg, schließlich stellt man fest, dass man eine Abzweigung verpasst hat und kommt in die Nacht ... Ein andermal scheint alles zu passen: Das Wetter könnte nicht besser sein, die Menschen, mit denen man unterwegs ist, sind gut aufgelegt, man schafft den Gipfel – aber das erwartete Gipfelglück will sich nicht einstellen.

Zen sagt uns, dass es, um glücklich zu sein, nicht so sehr darauf ankommt, was uns umgibt, was um einen herum vorgeht, was man sieht und wahrnimmt und erlebt, sondern *wie* man etwas erlebt, sieht und wahrnimmt, wie es also um einen selber steht, was in einem selber vorgeht. Es kommt nicht so sehr auf die äußeren Umstände als auf die eigene innere Verfassung und Einstellung an. Wie die äußeren Umstände sich uns darstellen, haben wir meist nicht in der Hand. Aber in welcher Stimmung und Bewusstheit wir selber sind und wie unsere Beziehung zur Umgebung ist, das liegt bei uns.

Sicher fällt es uns leichter, uns glücklich zu fühlen, wenn alles rundherum passt, das Wetter, die Landschaft, die Gefährten. Aber wenn wir in niedergedrückter Stimmung sind, wenn uns ein Ärger zu schaffen macht, dann können wir selbst das Glitzern der Tautropfen in der Morgensonne, die vielen Blumen um uns herum oder das Blühen der Bäume nicht mehr genießen.

Auf die eigene Einstellung also kommt es an. Erst wenn Äußeres und Inneres zusammenkommen und Einklang entsteht, bekommt alles, was man erlebt und tut, Sinn und Bedeutung. Drei Schritte helfen uns, unabhängig von äußeren Umständen Glück und Frieden beim Gehen und Wandern zu erfahren. Der erste:

Sehen, was ist und wie es ist. – Zen lehrt uns das unmittelbare Sehen und Wahrnehmen. Das unmittelbare Schauen ist ein ursprüngliches Wahrnehmen, bevor noch Gedanken sich einstellen. Unmittelbares Wahrnehmen meint ein Wahrnehmen, wo nichts zwischen den Schauenden und das Wahrgenommene tritt; wo keine Voreingenommenheit und keine Absichten den Blick trüben. Denn Gedanken, Vorstellungen und das Fixiertsein auf ein zu erreichendes Ziel engen uns ein und verhindern die volle Freiheit und Offenheit. Alles hängt davon ab, in welchem Bewusstsein wir uns auf den Weg machen. Ein frei schwebendes Bewusstsein öffnet unseren Blick. Der weise Daoist Dschuang Dsi spricht von einem „freien und unbeschwerten Umherstreifen", das nicht nach einem Nutzen fragt. Es ist ein Umherwandern „ohne Warum". Wer ohne bestimmte Absicht und ohne festes Ziel durch die Gegend wandert, nimmt wahr, was er sieht und was sich zeigt, anstatt nur das zu sehen, was man „gesehen haben muss" oder was „sehenswürdig" ist. Wenn wir also sehen können, was ist und wie es ist, und nicht, wie es nach unserer Meinung und vorgefassten Einstellung zu sein hat, dann kann der zweite Schritt erfolgen.

Annehmen, was ist und wie es ist. – Indem wir, was um uns ist, so annehmen, wie es ist, entsteht zwischen uns und der Umgebung eine wirkliche Beziehung und Harmonie. Das setzt allerdings voraus, dass wir den Dingen und der augenblicklichen Situation ohne bestimmte Erwartung begegnen. Zen lehrt uns, ganz ohne Erwartungshaltung zu gehen. Erst wenn wir gelernt haben, die tatsächliche Situation, so wie sie ist, anzunehmen und uns darauf einzulassen, werden wir fähig sein, den besonderen Reiz des Gehens im Regen oder den Zauber der Landschaft im Nebel wahrzunehmen, werden wir offen sein für das Spiel des Lichts und der Farben des Himmels. Gerade überraschende Situationen und Herausforderungen, wie unerwartete Hindernisse auf dem Weg, können, wenn wir uns auf sie einstellen, zu intensiverem Erleben führen und sogar ein tiefes Glücksgefühl in uns wecken. Wir können die entscheidende

Erfahrung machen, dass das Glück weniger von den äußeren Gegebenheiten abhängt als von unserer eigenen Einstellung und offenen Wachheit.

Annehmen, was ist und wie es ist, bedeutet, sich auf die gegebene Situation einzustellen, ohne gleich auf den Gedanken einzuspringen, wie man die Situation verändern oder verbessern könnte. Dabei geht es natürlich nicht darum, sich einfach mit allem abzufinden. Auch wenn es ansteht, etwas zu verändern, setzt das voraus, dass man sieht, was ist und wie es ist, und die Situation so annimmt, wie sie ist. Und dann kann man darangehen, sie zu verändern.

Nur wenn wir die augenblickliche Situation annehmen, so wie sie ist, und wenn wir uns selbst annehmen, so wie wir sind, können wir uns ganz in der Gegenwart einfinden. Glück wird nur in der Gegenwart erfahren, im Augenblick des Hier und Jetzt. Wenn wir sehen und annehmen können, was ist und wie es ist, können wir auch zum dritten Schritt kommen.

Schätzen, was ist und wie es ist. – Es geht um die Wertschätzung dessen, was ist, und zwar einfach, weil es ist. Es führt zu einem unmittelbaren Erleben, bei dem wir uns nicht mehr fragen, ob etwas angenehm oder unangenehm, leicht oder schwer, schön oder weniger schön ist oder ob wir uns glücklich fühlen oder nicht. In solcher Unmittelbarkeit sind wir fraglos glücklich. Wenn wir das, was um uns ist, wirklich wahrnehmen und kennenlernen, werden wir es auch schätzen. Nur was wir kennen, können wir schätzen und lieben. Nur wenn wir ohne vorgefasste Meinung und übernommene Wertschätzung an die

Dinge herangehen und wenn unsere Wahrnehmung frei und der Geist leer wird, ist unsere Wertschätzung weit und uneingeschränkt. Das öffnet eine neue Qualität des Erlebens. Was wir auf diese Weise wirklich und direkt wahrnehmen, werden wir auch zu schätzen wissen. Und was wir kennen, werden wir auch lieben. Und was wir lieben, macht uns glücklich.

Die folgende kleine Geschichte von Anthony de Mello veranschaulicht, worauf es ankommt: Ein Wanderer trifft nach langen Stunden des Gehens einen Schäfer. Er fragt ihn: „Du bist doch Tag und Nacht hier draußen … Kannst du mir sagen, wie das Wetter morgen wird?"

Darauf der Schäfer, nach kurzem Zögern: „Das Wetter wird so, wie ich es gerne habe."

Der Wanderer ist verdutzt. „Woher weißt du, dass das Wetter so sein wird, wie du es liebst?"

„Nun, ich habe die Erfahrung gemacht, mein Freund, dass ich nicht immer das bekommen kann, was ich gerne möchte. Also habe ich gelernt, immer das zu mögen, was ich bekomme. Deshalb weiß ich, dass das Wetter morgen so sein wird, wie ich es mag."

Was immer geschieht, es liegt an uns, Glück oder Unglück darin zu sehen. David Steindl-Rast nennt diese Haltung zum Glück, *„that kind of happiness that doesn't depend on what happens"* – diese Art von Glück, die nicht davon abhängt, was geschieht, nicht davon, ob es glückt.

„Glück ist das Gefühl des Angekommenseins", hat jemand gesagt. Wenn sich nach stundenlangem Wandern das Gefühl einstellt, ganz bei sich zu sein, bei sich angekommen zu sein, dann, ja dann ist man wohl glücklich. Glück besteht in der Harmonie, im Gefühl des Einklangs mit sich selbst und mit der Umgebung. In dieser Erfahrung des Angekommenseins und des Aufgenommenseins bei sich selbst und des Angenommenseins von allem, was einen umgibt, der Verbundenheit mit allem Lebendigen, mit dem ganzen Kosmos – darin liegt wohl das tiefste Glück. Im Bewusstsein, Teil von etwas Größerem zu sein; im Gefühl der Zugehörigkeit zum Ganzen des Universums. Daraus ergibt sich von selbst das Streben nach Übereinstimmung mit der Natur und ihren Gesetzmäßigkeiten. Man ist, wie der daoistische Weise, bereit, dem „Lauf des Wassers", dem Lauf des Flusses zu folgen, und damit dem Fluss des Lebens, dem Lauf der Dinge. Wir gehen in Harmonie mit dem Ganzen; unnötig scheint es, gegen etwas anzugehen, sich gegen den Lauf der Dinge zu richten. Im Gegenteil: Man schwingt sich mit der eigenen Bewegung ein in die Bewegung des Ganzen. Wie das Wasser im Flussbett den besten Weg findet, so folgt der Weise dem Lauf der Dinge und findet so seinen Weg.

Glück ist nicht das Ziel von Zen. Aber Zen ist ein Weg zum Glück.

I.

GEHEN –

Einfach nur gehen

Der Weg vollendet sich im Gehen.
Der Weg ist das Ziel.

DSCHUANG DSI

If you go, you just go.

ANONYM

Currere propter currere

Wer läuft um des Laufens willen,
genießt ständig das Laufen.
Dennoch hungert ihn ständig nach Laufen,
da er um des Laufens willen läuft
und das Laufen um des Laufens willen liebt.
Und so liebt er das, was er liebt,
um seiner selbst willen,
die Liebe um der Liebe selbst willen.

MEISTER ECKEHART

Gehen ist die ursprünglichste und natürlichste Art uns fort-
zubewegen. Wir bedürfen dabei keiner Hilfsmittel. Ganz aus
eigener Kraft voranzukommen gibt uns das Gefühl von Eigen-
ständigkeit und Unabhängigkeit.

Aufrecht gehend, mit den Füßen den Boden berührend und
den Kopf zum Himmel gerichtet, erfahren wir unsere Aufrich-
tung und unser Ausgerichtetsein zwischen Himmel und Erde.
Und finden unsere Grundorientierung: das Unten und Oben,
die Waagrechte des Horizonts und die Senkrechte der eigenen
Körperhaltung. Der Schweizer Kulturphilosoph Max Picard
beschreibt diese besondere Ausrichtung so, dass der Mensch
im Vorwärtsgehen die Vertikale weitertrage, an der er von oben
herunterkam, er trage also den Himmel weiter.

Soll nun das Gehen zur Gehmeditation werden, gilt es, die
Gesetzmäßigkeiten dafür zu beachten.

Übung 1:
Das Einfach-nur-Gehen

Beim meditativen Gehen haben wir kein bestimmtes Ziel und verfolgen keinen Zweck. Wir gehen nicht „um zu", um irgendwohin zu kommen oder um etwas zu erreichen.

Meditatives Gehen ist ein zweckfreies Gehen. Das gewöhnliche Gehen ist zielgerichtet und zweckorientiert. Nordic Walking oder Power Walking etwa sind ein sportliches Training, das Fitness und Gesundheit zum Ziel hat. Die Fixierung auf ein Ziel hat notwendig zur Folge, dass wir nicht wirklich frei sind. Meditatives Gehen hingegen ist in keiner Weise auf ein Ziel fixiert oder zweckgebunden. Es *dient* nicht einem Zweck und ist damit ein *freies* Gehen. Man verfolgt keinen Zweck; man ist nicht hinter etwas her, auf kein bestimmtes Ziel ausgerichtet. Man geht absichtslos. Der Sinn des Gehens liegt im Gehen selbst: Gehen um des Gehens willen. Das Ziel ist das Gehen selbst. Weg und Ziel fallen in eins. Nur so bin ich ganz beim Gehen, nur so kann ich *da* sein, wo ich bin.

Meditatives Gehen ist ein achtsames Gehen. Wir achten dabei auf die Berührung der Füße mit dem Boden, achten auf die Bewegung unseres Körpers. Dabei ist unsere Haltung wichtig. Wir gehen möglichst aufrecht, der Kopf ist gerade. Unser Gang ist nicht steif, sondern locker, geschmeidig. Der Körper befindet sich in einem Gleichgewicht von Festigkeit und Gelöstheit. Wir gehen festen, sicheren und zugleich leichten Schrittes; machen kleine, gleichmäßige, langsame Schritte. Behutsames und verlangsamtes Gehen macht ein Gehen in frei schwebender Achtsamkeit möglich. Wir gehen einfach, ohne die Aufmerksamkeit an ein äußeres Objekt zu binden.

Dieses Einfach-nur-Gehen entspricht dem *shikantaza* der Zen-Meditation, dem „Einfach-nur-Sitzen". Wie beim Sitzen kommt es auch beim Gehen darauf an, in der rechten Haltung im Hier und Jetzt zu sein. Wir sind ganz da, wo wir gehen, wo wir gerade unseren Fuß auf den Boden setzen.

Von dem bekannten vietnamesischen Zen-Meister Thich Nhat Hanh sind sehr schöne Anleitungen zur Gehmeditation zu finden, die in etwa so lauten: Machen Sie kurze Schritte in vollkommener Gelöstheit. Verlangsamen Sie Ihr Gehen. Richten Sie Ihre Aufmerksamkeit auf jeden Ihrer Schritte, achten Sie auf jede Ihrer Bewegungen und gehen Sie so mit Würde voran, ruhig und gelöst. Setzen Sie Ihren Fuß beim Gehen behutsam, aber doch zuversichtlich auf die Erde. Gehen Sie entspannt und sicher. Machen Sie feste, ruhige Schritte, seien Sie wach und entschlossen.

Gehen, einfach gehen, wie wunderbar! Nutzlos, aber unendlich sinnvoll.

II.

IM RHYTHMUS
DES ATEMS –
Gehen im Rhythmus
von Atem und Schritt

Wir sind die Treibenden.
Aber den Schritt der Zeit,
nehmt ihn als Kleinigkeit
im immer Bleibenden.

Alles das Eilende
wird schon vorüber sein;
denn das Verweilende
erst weiht uns ein.

RAINER MARIA RILKE

Lauf mit deinem Atem,
lauf ihm nicht davon.

FRED ROHÉ

Angesichts der ständigen Beschleunigung des Lebensrhythmus und des Gehtempos gilt es, das natürliche menschliche Maß der Bewegung wiederzufinden. Wenn der Takt der Maschinen unseren Rhythmus bestimmt und das Tempo der Autos unsere Fortbewegung, ist es nicht leicht, unseren natürlichen Rhythmus und das uns entsprechende menschliche Maß zurückzuerlangen. Das menschliche Maß finden wir dabei im Schritt und im Rhythmus des Atems. Sie bilden die Ausgangsbasis für die Fortbewegung. Atem und Schritt – Grundrhythmus des Menschen und Ur-Rhythmus. Der *Fort*schritt hat uns davon weggeführt. Wir haben das Maß verloren, sind *maßlos* geworden. Wir haben die Verbindung mit der Basis verloren. Das Wort „Basis" kommt vom altgriechischen *baino* (ich gehe) und war ursprünglich auch die Bezeichnung für Schritt (griech.: *basis*). Es gilt, unser Gehen und unser Leben wieder von der Basis her aufzubauen. Das Gehen führt uns zurück zu unserem menschlichen Maß.

Übung 2:

Verbindung von Atem und Schritt

Wir achten bei dieser Gehübung zugleich auf den Schritt und auf den Rhythmus des Atems. Im Rhythmus des Ein- und Ausatmens machen wir die entsprechende Anzahl von Schritten. Da gewöhnlich die Ausatmung etwas länger ist als die Einatmung, kann die Übung folgende Gestalt annehmen: *vier Schritte beim Ausatmen (aus-aus-aus-aus), drei Schritte beim Einatmen (ein-ein-ein).*

Zwingen Sie sich in keiner Weise zu einem vorgegebenen Rhythmus, sondern achten Sie auf Ihren eigenen Atemrhythmus. Mit der Veränderung des Gehtempos verändert sich auch die Anzahl der Schritte. Ebenso wirkt sich die Geländebeschaffenheit auf das Zusammenspiel von Atem und Schritt aus. Geht es bergab, werden die Schritte leichter und schneller. Der Atem-Schritt-Rhythmus könnte dann so aussehen: *fünf bis sieben Schritte beim Ausatmen, vier bis fünf Schritte beim Einatmen.*

Andererseits, steigt der Weg an, reduziert sich die Anzahl der Schritte während des Atmens vielleicht auf: *drei Schritte beim Ausatmen und zwei Schritte beim Einatmen.*

Steil ansteigendes Gelände kann führen zu *einem Schritt beim Ausatmen und einem Schritt beim Einatmen.*

Die Koordination von Atem und Schritt mag anfangs etwas mühsam sein, da auf beides, den Atem und den Schritt, zu achten ist; mit fortschreitender Einübung fällt es zunehmend leichter.

Diese Übung ist dem Atemzählen in der Sitzmeditation des Zen ähnlich. Was ist der Sinn dieser Übung? Sie macht es möglich, in einen Zustand konzentrierter Sammlung zu gelangen und diese Sammlung auch während des Gehens aufrechtzuerhalten. Erfahrungsgemäß stellen sich beim Gehen unweigerlich Ablenkungen ein. Das kann die Umgebung sein mit störenden oder die Aufmerksamkeit anziehenden Dingen oder Geräuschen. Vor allem sind es die eigenen Gedanken, Erinnerungen, Überlegungen, die den Geist beschäftigen, sodass der Kopf nicht frei ist und wir etwas anderes im Sinn haben als das Gehen. Wir gehen dann mit unserem Kopf anderswo spazieren als dort, wo unsere Füße den Boden berühren. Das Achten auf den Atem und das Berühren des Bodens mit den Füßen führen uns von der Geistestätigkeit und dem unablässigen Gedankenstrom weg und hin zum Hier und Jetzt des Gehens.

III.

WER GEHT –

Wer ist es, der geht

Es geschieht so selten, dass ich bin, was ich bin.

HENRY DAVID THOREAU

Ich laufe mir nach: Ein Lichtpunkt in weiter Ferne.
Ich versuche, ihn zu erreichen. Ich laufe ihm nach.
Immer.
Es gibt Augenblicke, in denen ich mich,
den Lichtpunkt, erreiche.
Spirituelle Glücksmomente von allerkürzester Dauer.
Einssein mit sich. Einssein mit allem.
Das mystische Geschenk.

LUISE RINSER

In der Meditation geht es letztlich immer um die Frage: „Wer bin ich?" Es ist ja überhaupt die wesentliche Aufgabe eines jeden Lebens, das herauszufinden: „Wer bin ich?" Was, wenn unser Leben endet, ohne diese Frage gelöst zu haben?

Was soll diese Frage? Weiß ich denn nicht, wer ich bin? Nein, ich weiß es nicht! Was ich weiß, reicht nicht hin. Ich kenne meinen Namen, definiere mich über Titel, Beruf, gesellschaftliche Stellung und ökonomische Mittel und muss bemerken, dass all das nicht hinreicht zur fundamentalen Ausgangsfrage. Es reicht auch nicht hin, wie andere mich kennen oder was ich für andere darstelle, wer ich für andere bin. Was, wenn das alles wegfällt, womit ich mich identifiziere? Wenn ich krank, arbeitslos, arbeitsunfähig werde? Was, wenn ich ganz allein auf mich gestellt bin? Bin ich dann ein Nichts? Wer bin ich im Letzten, im Tiefsten, in meinem Wesentlichsein, im Grunde meines Wesens, in meinem Wesenskern?

Im meditativen Gehen wird das zur Lebensfrage: „Wer ist es, der da geht?" „Wer ist es, die da geht?"

Übung 3:

Gehen mit der Frage:
Wer ist es, der da geht?

Es geht nun darum, während des Gehens die Frage: „Wer ist es, der/die da geht?" mit dem Atem und dem Schritt zu koordinieren. Das kann folgendermaßen geschehen:

Einatmung	**Ausatmung**
Wer ist es,	der/die da geht?
ein ein ein	aus aus aus

Auch bei dieser Übung sollten wir flexibel sein und die Anzahl der Schritte sowie den Atem an die Situation anpassen. Ein Vorschlag:

Wer-ist-es-tap-tap	der/die-da-geht-tap-tap-tap?
ein-ein-ein-ein-ein	aus-aus-aus-aus-aus-aus

Wenn der Atem-Schritt-Rhythmus kürzer wird:

Wer-ist's der/die-geht?

ein-ein aus-aus

Oder wenn es steil bergan geht:

Wer geht?

ein aus

Diese Übung entspricht der Koan-Praxis in der Zen-Meditation. Eine Erklärung des Begriffs *Koan* besagt, dass das Wort sich vom indischen *koahan* herleitet, das „Wer bin ich?" bedeutet. Für das Üben der Gehmeditation mit dieser Frage gelten die gleichen Gesetzmäßigkeiten wie bei der Koan-Übung im Sitzen. Wir versuchen nicht, die Frage im Kopf zu behalten und mit dem Verstand eine Antwort zu finden, sondern wir nehmen die Frage ins Gehen mit und lassen sie wirken. Entscheidend ist, dass wir nicht versuchen, die Frage willentlich und verstandesmäßig zu lösen. Vielmehr sollten wir die Frage in uns hineinatmen und geduldig auf die Antwort warten, die wir nicht erzwingen können. Sie muss von selber kommen.

Von René Descartes stammt das bekannte *Cogito ergo sum,* „ich denke, also bin ich", „ich denke – ich bin". Im Altgriechischen ist eigenartigerweise das Wort für „ich gehe" und für „ich bin" das gleiche und nur durch die verschiedene Akzentuierung zu unterscheiden: *eĩmi* = „ich gehe", *eimi* = „ich bin". Im Gehen erfahre ich mich in meinem Wirklichsein: „Ich gehe – ich bin. Ich gehe, also bin ich."

Wenn die Frage und der Fragende, das Gehen und der Gehende eins geworden sind, wenn also der Fragende („Wer ist es") und der Gehende („der da geht") zusammenkommen und Fragender und Gehender eins geworden sind, hat sich die Frage gelöst. Wenn ich nicht mehr reflektiere, mir nicht mehr Gedanken mache über mich, *über* mein Gehen und *zu* meinem Gehen, wenn ich also nicht mehr aufgespalten bin in den, der denkt, und den, der geht, sondern wenn der „ich bin" zugleich der ist, „der da geht", dann ist die Frage *aufgehoben*. Wenn ich im Gehen ganz ich selbst bin, habe ich den Zustand des *Samadhi* erreicht, ein Gehen in Selbstvergessenheit und „purer Präsenz" (Richard Rohr).

Was Rainer Maria Rilke einem jungen Ratsuchenden nahelegt, trifft auch auf das Gehen mit der Frage „Wer bin ich?" zu:

„Habe Geduld gegen alles Ungelöste in deinem Herzen und versuche die Fragen selbst liebzuhaben wie verschlossene Türen und wie Bücher, die in einer sehr fremden Sprache geschrieben sind.

Forsche jetzt nicht nach den Antworten, die dir nicht gegeben werden können, weil du sie nicht leben kannst.

Lebe jetzt die Fragen. Vielleicht lebst du dann, allmählich, ohne es zu merken, eines fernen Tages in die Antwort hinein."

IV.
IN STILLE
UND FRIEDEN –
Gehen mit
einem Wort

Was redet durch Blätter und Wind
was den Regen löst
und den Rauch aus den Gräsern

ist auch in DIR
redet aus DIR

im Andern ein Echo zu wecken
sich selbst zu begegnen im Andern–

entgleitet ins Schweigen
aus dem es gekommen

die Antwort der Stille
am anderen Ende der Fragen

ALOIS HERGOUTH

Es gibt kein Glück, das der inneren Stille gleichkäme.

SIMONE WEIL

Gehen in Stille und Sammlung kann zu einem Wandeln im Paradies werden. Im Paradies, heißt es, stehen zwei Bäume, der Baum der Erkenntnis von Gut und Böse und der Baum des Lebens. Das Essen vom Baum der Erkenntnis führt zur Vertreibung aus dem Paradies. Das heißt, durch das unterscheidende und urteilende Denken lebe ich in den Gegensätzen von Gut und Böse, Schön und Hässlich, Wichtig und Unwichtig ... Lassen wir das Unterscheiden und treten aus dem Dualistischen heraus, dann treten wir (wieder) ein ins Paradies, in dem die angenommenen Gegensätze keine Gegensätze mehr sind. Und wir können essen vom Baum des Lebens. Statt also ein äußeres Paradies zu suchen oder erschaffen zu wollen, öffnet sich uns durch eine innere Einstellung ein Tor, durch das wir ins Paradies eintreten können.

Für den großen Gelehrten Nikolaus von Kues ist da, wo die Gegensätze in eins zusammenfallen, der Punkt, wo der Verstand an seine Grenze stößt – wie an eine Mauer. Das Paradies ist von solch einer Mauer umgeben: dem Ineinsfallen der Gegensätze. Soll sich das Tor zum Paradies auftun, muss zuvor der Verstandesgeist, der über die Gegensätze und Widersprüche nicht hinauskann, überwunden werden. Jenseits der Mauer ist der Ort, wo „Sehen mit Gesehenwerden, Hören mit Gehörtwerden, Verkosten mit Verkostetwerden, Berühren mit Berührtwerden in eins fällt".

So lautet auch die alte Anweisung zur Zen-Meditation: „Unterscheide nicht Wahr und Falsch, urteile nicht Gut und Böse."

Übung 4:

Gehen mit einem Wort

Um dieses Ineinsfallen der Gegensätze während des Gehens zu erfahren, kann es hilfreich sein, ein bestimmtes Wort ins Gehen mitzunehmen. Ein solches Wort kann „*Stille*" sein:

Vor allem im Wald oder in einer freien Landschaft können wir die Stille erfahren. Die Stille, die schon da ist, die wir nicht erst erzeugen müssen, sondern die bereits auf uns wartet und uns empfängt. Wir spüren in diese Stille hinein, atmen Stille ein, können das Einatmen mit den Silben „Stil-le" begleiten. Indem wir selbst still werden und die Stille nicht durch unnötige Aktivität stören, können wir Stille ausatmen, wobei die Silben „Stil-le" auch unseren Ausatem begleiten. Wir atmen Stille ein und atmen Stille aus, bis wir uns mitten in einem Kosmos der Stille erleben.

Dabei empfinden wir die Laute und Geräusche der Natur nicht als Störung der Stille. Die Amsel singt ihr Lied in die Stille hinein. Wir hören den Ruf des Kuckucks, das Rauschen des Bergbachs, das Wehen des Windes aus der Stille kommend, spüren, wie hinter den Lauten die Stille da ist, dass im Hintergrund immer die Stille wartet.

Oder wir gehen mit dem Wort „*Frieden*":

Wir können beim Gehen den Frieden des Waldes, der Landschaft *erspüren*. Können ihn einatmen, ihn in uns aufnehmen, tief in uns hinein. Wir werden selbst friedvoll. Und im Ausatmen atmen wir diesen Frieden hin zu den uns umgebenden Dingen und Menschen. Die Silben „Frie-den" begleiten das Ein und Aus unseres Atems. *Wir verbreiten Frieden.*

Ebenso kann uns das Wort „*Liebe*" begleiten:

Wir können die Liebe einatmen, der wir begegnen, wenn die bunten Blumen uns anlächeln, wenn die Sonne unsere Haut erwärmt, ein kühler Wind unsere Wangen streichelt. Wir lassen uns im Einatmen von dieser Liebe erfüllen und atmen Liebe zurück zu den Menschen, zu Tieren und Pflanzen, zu allen Wesen. Das Hin und Her der Liebe schafft ein Band, das alles umschließt.

Auch das Wort „*Schönheit*" kann uns inspirieren:

Dann lassen wir uns von der Schönheit von Blume und Strauch, von Stein und Berg, von Farben und Formen ansprechen. Alles kommt darauf an, dass wir es beim „Wie schön!" belassen und nicht weiter unterscheiden in „schön" und „weniger schön". Ob wir die Schönheit, die uns umgibt, wirklich wahrnehmen oder nicht, hängt ab vom Zustand unserer *inneren* Reinheit. „Die Wahrnehmung von Schönheit ist ein moralischer Prüfstein", sagt uns der große Wanderer Henry David Thoreau.

Die um sich herum wahrgenommene Schönheit mag sich dann widerspiegeln in der eigenen Haltung, mit der man sich bewegt. In einem Lied der Navaho heißt es: „Geh mit Anmut, wo immer du bist."

Auf ähnliche Weise können wir auch die Worte *„Harmonie"* oder *„Freude"* wählen.

V.

ES GEHT –

Die Dinge bewegen sich auf uns zu

Je mehr man einen Gegenstand beobachtet,
desto weniger wird man ihn sehen …
Sei nicht zu erpicht darauf, etwas anzuschauen.
Geh nicht zu einem Ding hin;
lass es zu dir kommen.

HENRY DAVID THOREAU

Leer ist die Hand, und doch halte ich den Spaten.
Zu Fuß ich wandre, reitend auf dem Rücken
des Ochsen.
Da ich über die Brücke schreite,
siehe, so fließt nicht der Fluss, sondern die Brücke.

SHAN HUI

Ziehende Landschaft

Man muß weggehen können
und doch sein wie ein Baum:
als bliebe die Wurzel im Boden,
als zöge die Landschaft und wir ständen fest.
Man muß den Atem anhalten,
bis der Wind nachläßt
und die fremde Luft um uns zu kreisen beginnt,
bis das Spiel von Licht und Schatten,
von Grün und Blau,
die alten Muster zeigt
und wir zuhause sind,
wo es auch sei,
und niedersitzen können und uns anlehnen,
als sei es an das Grab
unserer Mutter.

HILDE DOMIN

Unsere Sicht der Welt und unser Umgang mit den Dingen sind von der Wissenschaft geprägt. Wir haben die objektive Sichtweise der Wissenschaft auch für unser eigenes Leben und Erleben übernommen. Das hat dazu geführt, dass wir der eigenen Wahrnehmung mehr oder weniger misstrauen. Dabei weiß die Wissenschaft heute sehr wohl, dass es keine durchgängige Objektivität gibt. Wohl ist für bestimmte Bereiche unseres Lebens eine objektive Wahrnehmung sinnvoll. Wenn wir jedoch diese objektive Sichtweise auf alle Bereiche des Lebens und unserer Umwelt übertragen, versagen wir uns entscheidende Möglichkeiten des Erlebens und des Weltverständnisses. In der Distanzierung, die allen Dingen einen fixen Platz zuweist, halten wir uns die Welt in ihrer Lebendigkeit vom Leib. Gerade die moderne Wissenschaft hat erkannt, dass die Dinge in ihrer Tiefe in ständiger Bewegung und im Letzten nicht mehr zu fassen sind.

Wenn es beim alten daoistischen Weisen Laotse heißt: „Es folgt der Mensch der Erde, die Erde folgt dem Himmel, der Himmel folgt dem Dao", so ist der Mensch in seinem Machbarkeitswahn und seinem Herrscherdrang heute dabei, diese Ordnung des Ganzen, die Harmonie des Dao umzukehren: Nun hat die Erde dem Menschen zu folgen, mit allen Konsequenzen, die das mit sich bringt.

Wir haben als Menschen wieder zu lernen, uns zurückzunehmen und statt den Dingen unseren Willen aufzuzwingen, auf die Dinge und ihre Ordnung zu hören, um mit ihnen in Harmonie zu leben.

Übung 5:
Die Dinge auf sich
zukommen lassen

Nun folgt eine Übung, die einem zunächst eigenartig vorkommen mag: Wir gehen auf einem von Bäumen und Büschen gesäumten Weg, vielleicht durch einen Wald, im Hintergrund die Berge ... Wir gehen und lassen die Dinge, die Büsche, die Bäume, die Berge zu uns herkommen. Statt auf sie zuzugehen, statt ihnen entgegenzugehen, lassen wir die Dinge *auf uns* zukommen. Die Dinge kommen uns entgegen. Wir machen die gewohnten Gehbewegungen, treten aber gleichsam auf der Stelle; der Boden, der Weg, die Dinge bewegen sich auf uns zu. Eine totale Umkehrung unserer Einstellung ist erforderlich: Nun sind wir nicht mehr die, die auf die Dinge zugehen, um sie zu sehen, zu berühren, zu ergreifen, zu erforschen. Sondern die Dinge kommen von selbst zu uns, kommen uns entgegen, kommen uns ganz nahe.

Wir müssen uns dabei hüten, diese veränderte Wahrnehmung willentlich herbeiführen zu wollen. Es handelt sich nicht um einen *Trick*. Wir können es gar nicht „machen". Es geht ja gerade darum, uns selbst, das heißt, unser Machen-, Erobern-

und Besitzen-Wollen zurückzunehmen. Wir sind nicht länger die Geher, die Beobachter, die Forscher, die Eroberer. Wir nehmen uns zurück – und die Dinge bieten sich uns von selbst dar. Wir gehen offen und absichtslos dahin. Wir erleben uns gar nicht mehr als diejenigen, die gehen, sondern erfahren: *Es geht*. Es geht wie von selbst. Ganz leicht.

Nun kommen wir in eine andere Beziehung zu Raum und Zeit. Statt wie normalerweise da den Baum, dort den Berg, weit entfernt den Horizont wahrzunehmen, ist plötzlich nichts mehr *zwischen* uns und den Dingen. Die *Distanz* zu den Dingen ist aufgehoben und damit das Getrenntsein von ihnen. Wir tauchen ein in unsere Umgebung und erleben das selbstverständliche Eingebettetsein in die Natur.

Das Erleben solcher Unmittelbarkeit, in der die Distanz zu den Dingen aufgehoben ist, wir unsere Kontrollhaltung aufgegeben haben und die Dinge ungeschützt an uns heranlassen, kann uns geradezu überwältigen. Wir fühlen uns dann möglicherweise ausgeliefert. Weichen wir dem nicht aus und setzen uns dieser Erfahrung bewusst aus, lassen wir also die Dinge an uns heran und das Eintauchen in sie zu, dann kann sich das Gefühl einer tiefen Zugehörigkeit einstellen, eine unendliche Geborgenheit. Ein *Zugleich* von unmittelbarer Nähe und grenzenloser Weite.

Um aus unserer gewohnten und lebenslang eingeübten Einstellung herauszukommen, dass alle Dinge einen fixen Platz haben, wie auf einem Lageplan oder einer Landkarte, und die Dinge in einer festgelegten Entfernung von uns stehen, um also aus dieser Haltung den Dingen gegenüber herauszukommen, kann uns Folgendes helfen:

Wir nehmen wahr, wie mit jedem Schritt, den wir machen, sich die Perspektive, unsere Sicht auf die Dinge, ändert. Die Wegbiegung vor uns zeigt sich schon nach wenigen Metern ganz anders: Die Stämme der Bäume rechts und links des Weges treten auseinander, treten zusammen, überschneiden sich. Im Hintergrund taucht ein Berg auf und verschwindet wieder. Die Linie des Horizonts wandelt sich fortwährend. Wolkengebilde werden am Himmel sichtbar und vergehen wieder. Alles kommt in Bewegung – so wie auch wir selbst in Bewegung sind. Alles ist in lebendiger Bewegung, und wir nehmen teil an der Bewegung. Wir erleben uns als Wesen unter all diesen Wesen. Wie in einem kosmischen Tanz! Alle Dinge, alle Wesen reihen sich ein, und wir dürfen mit ihnen mitschwingen im großen Reigen des kosmischen Tanzes.

Ich möchte hier noch jemanden zu Wort kommen lassen, der in diesem Zusammenhang unter besonderen Umständen eine wichtige Erfahrung gemacht hat. Der mit acht Jahren erblindete Jacques Lusseyran schreibt:

> *„Wie soll ich erklären, wie die Gegenstände sich mir näherten, wenn ich auf sie zuging? ... Ich ging auf einer mit Bäumen gesäumten Landstraße und ich konnte auf jeden der Bäume entlang der Straße zeigen ... Ich musste die Bäume selbst ganz nah*

an mich herankommen lassen. Ich durfte nicht die geringste Absicht, auf sie zuzugehen, den geringsten Wunsch, sie kennenzulernen, zwischen sie und mich stellen. Ich durfte nicht neugierig sein, nicht ungeduldig ... Die Bedingung war, die Bäume zu akzeptieren, mich nicht an ihre Stelle zu setzen ... Dann wird man belohnt: Alles kommt einem entgegen."

VI.
AUS DER MITTE –
Konzentration auf
die Leibmitte

*Der Mensch ist weder Vogel noch Wurm, sondern er
bewegt sich als Mensch aufrecht, d. h. zum Himmel
erhoben auf der Erde …
Ist er in der rechten Weise „aufrecht", dann verbindet
er in seiner Haltung Himmel und Erde
…
Und bringt zum Ausdruck, dass der Mensch
zugleich in der Erde gegründet
und auf den Himmel bezogen ist …
Er klebt nicht an der Erde, aber hat Vertrauen zu ihr.
Er strebt himmelwärts, aber vergisst nicht seine Erde.*

KARLFRIED GRAF DÜRCKHEIM

*Der Weg führt hoch oben am Berg entlang und
ist kaum zwei Fuß breit … Ich versuche meinen
Schwerpunkt im Unterleib zu halten. Wenn mir das
gelingt, dann bin ich auch an gefährlichen Stellen
schwindelfrei; meine Füße finden ganz von selbst
Halt und ich fließe dahin. Aber manchmal verliere
ich dieses Gefühl für den Weg, atme hoch oben in
der Brust und halte mich an den Felsen fest,
als klammerte ich mich ans Leben selbst.*

PETER MATTHIESSEN

Karlfried Graf Dürckheim hat uns die Bedeutung der Zentrierung in der Leibmitte, dem *Hara,* bewusst gemacht. Hara bezeichnet die Leibmitte des Menschen. Diese liegt etwa drei Fingerbreit unterhalb des Nabels. Hara meint den rechten Schwerpunkt. Mit Hara bleibt man im Lot.

Ausdruck für das Dasein von Hara ist diese Haltung: aufrecht, standfest, gesammelt. Die Zentrierung in der Leibmitte führt aus dem Hin- und Herwechseln von Verspannung und Auflösung zum rechten Verhältnis von Spannung und Lösung.

Karlfried Graf Dürckheim dazu:

> *„Meditative Übungen ohne Hara münden leicht in einer verblasenen Geistigkeit, die in gleicher Weise den Himmel und die Erde verrät …*
>
> *Je mehr der Mensch im Hara zentriert ist, umso leichter fällt ihm die Präsenz im Hier und Jetzt."*

Übung 6:
Wo liegt beim Gehen
der Konzentrationspunkt?

Wo, an welcher Stelle des Körpers, ist beim Gehen die Konzentration gesammelt, wo liegt der Konzentrationspunkt? Wenn wir in der Leibmitte zentriert sind, also im Unterleib in der Gegend des Nabels, kommt die Bewegung beim Gehen aus der Mitte. Das führt uns vom Kopf, vom Besetztsein durch Gedanken, weg; ebenso hilft uns diese Zentrierung in der Leibmitte, die Haltung des „Brust raus" aufzugeben, die mit einer Betonung der Willensaktivität einhergeht. Aus der Mitte gehen erleichtert den Übergang vom „Ich gehe" zum „Es geht".

Wenn wir in der Leibmitte, im Hara zentriert sind, können wir oben im Schulter-, Nacken- und Brustbereich loslassen, können ins Lot kommen und die Atmung kann sich nach unten vertiefen zur Bauchatmung. Und wenn sich die Spannungen im oberen Bereich des Körpers, vor allem in den Schultern, lösen, können wir darüber hinaus das Gewicht des Körpers über die Fußsohlen wirklich an den Boden abgeben, was mit hochgezogenen Schultern nicht gut möglich sein wird.

In der Leibmitte zentriert zu sein vermeidet auch, dass die Bewegung des Gehens in die Einzelbewegungen der Körperteile „auseinanderfällt". *Die Mitte garantiert die Ganzheit und Einheit des Leibes.*

Unter Umständen gibt es allerdings gute Gründe, zeitweise folgendermaßen zu üben:
Bei niedergedrückter Stimmungslage, wenn wir uns fühlen, als ob wir gleichsam am Boden kleben, können wir die Konzentration eher nach oben verlegen, auf den Punkt zwischen den Augenbrauen oder an die Schädeldecke. Umgekehrt können wir bei gehobener Gestimmtheit – wenn wir dahin tendieren, geradezu vom Boden abzuheben – die Konzentration nach unten, auf die Berührung der Füße mit dem Boden verlagern. Auf diese Weise bekommen wir wieder Boden unter die Füße!

Unter normalen Umständen ist es jedoch am sinnvollsten, die Konzentration auf die Leibmitte beizubehalten. Das entspricht auch der Haltung in der Sitzmeditation, im Zazen, bei der die Hände die Leibmitte knapp unterhalb des Nabels berühren. Im Zen geht es immer um Ganzheitlichkeit, was durch die Betonung der Mitte zum Ausdruck kommt.

VII.

SCHAUEN –

Das meditative
Schauen

Wer geht, sieht … mehr als wer fährt.
Ich halte den Gang für das Ehrenvollste
und Selbstständigste in dem Manne.
Ich bin der Meinung, dass alles besser
gehen würde, wenn man mehr ginge.

JOHANN GOTTFRIED SEUME

If the doors of perception were cleaned,
everything would appear to man
as it really is: infinite.

Wenn die Tore der Wahrnehmung gereinigt wären,
würde dem Menschen alles so erscheinen,
wie es wirklich ist: unbegrenzt.

WILLIAM BLAKE

Unendlich

Vergiß
Deine Grenzen

Wandre aus

Das Niemandsland
Unendlich
nimmt dich auf

ROSE AUSLÄNDER

Beim meditativen Gehen und Wandern geht es natürlich primär um das Gehen. Die Konzentration ist auf das Gehen gerichtet, nicht auf das Schauen.

Aber beim Gehen und Wandern im Freien kann und sollte man das Sehen nicht ausschalten. Man geht ja mit offenen Augen und offenen Sinnen. Selbst bei der Sitzmeditation des Zen bleiben bekanntlich die Augen geöffnet. Man ist also immer in Kontakt mit der Umgebung. Einerseits stellt sich hier freilich die Frage, wie die Konzentration auf das Gehen, auf den Atem oder auf die Frage „Wer geht?" gelingen soll, wenn doch die Umgebung den Blick auf sich zieht. Lenkt die Umgebung nicht von der primären Übung ab? Andererseits, wenn die Konzentration nach innen gerichtet ist, entgehen einem dann nicht all die schönen, kostbaren Dinge und Vor-gänge in der Natur? Ist es möglich, nach innen gerichtet und zugleich nach außen offen zu sein?

Es ist möglich, wenn auch das Schauen ein meditatives Schauen wird. Dann sind das konzentrierte Gehen und das Wahrneh-men der Umgebung keine Gegensätze mehr, sondern finden in Harmonie zusammen.

Übung 7:
Meditativ schauen

Das Wahrnehmen der Umgebung stört nur dann das meditative Gehen und führt zur Ablenkung, wenn der Blick die Dinge als einzelne Objekte wahrnimmt und wie auf einem Foto fixiert. Der Blick bleibt dann an den Dingen hängen.

Deshalb geht es im meditativen Schauen darum, die Dinge nicht isoliert, sondern als Panorama, als Ganzes – als einzelne Dinge *im Ganzen* – wahrzunehmen. Vor allem darf der Blick an den Objekten nicht hängen bleiben, sondern muss alles wieder loslassen und vorbeiziehen lassen.

Ähnlich wie in Übung 5 geht der Blick bei dieser Übung nicht zu den Dingen hin, sondern das schauende Auge lässt die Blumen, die Sträucher, die Bäume, die Berge, den Himmel zu sich kommen. Das Auge nimmt die Dinge auf, wie sie sich *darbieten*. Wir schauen nicht aus der Distanz auf die Dinge als etwas, das uns gegenübersteht, sondern es kommt zu einem unmittelbaren Schauen, bei dem alle Trennung und alle Distanz zwischen uns und den Dingen *aufgehoben* sind. Die Dinge sind weder von uns noch voneinander getrennt. Sie sind nicht länger Gegen-Stände; vielmehr tauchen wir im Gehen völlig in die Umgebung ein und erfahren, dass uns nichts entgeht von all dem Schönen und Wunderbaren, von dem wir umgeben sind. Wir beurteilen das, was wir sehen, nicht; wir teilen es nicht in schön und nicht schön, in sehenswert und nicht sehenswert, ein. Alles wird gleich wichtig und bedeutsam. Eine neue Beziehung zur Umgebung ist entstanden, worin die gewohnten Grenzen sich auflösen. Da ist Nähe und zugleich Grenzenlosigkeit. So stellt sich ein Gefühl von Unendlichkeit ein. Alle Distanz und alle Trennung ist aufgehoben. Das sollte aber nicht dazu führen, dass wir uns im Geschauten verlieren, als wären wir selbst gar nicht mehr da. Meditatives Schauen ist kein träumerisches Schauen. Die volle Präsenz muss bewahrt bleiben. Wir sind ganz im Hier und Jetzt. Wir sind da, wo wir gehen. So wie um uns alles da ist, während wir gehen.

VIII.
HÖREN –
Das meditative
Hören

Ich versuche einfach nur, meine Schüler zu lehren,
wie man dem Gesang der Vögel lauscht.

SHUNRYU SUZUKI

Manchmal, wenn ein Vogel ruft
Oder ein Wind geht in den Zweigen
Oder ein Hund bellt im fernsten Gehöft,
Dann muss ich lange lauschen und schweigen.

Meine Seele flieht zurück,
Bis wo vor tausend vergessenen Jahren
Der Vogel und der wehende Wind
Mir ähnlich und meine Brüder waren.

Meine Seele wird ein Baum
Und ein Tier und ein Wolkenweben.
Verwandelt und fremd kehrt sie zurück
Und fragt mich. Wie soll ich Antwort geben?

HERMANN HESSE

Das Gefühl des Einsseins mit allen Dingen
ist wahre Liebe.

ECKHART TOLLE

Für das meditative Hören gilt das Gleiche wie für das meditative Schauen. Auch wenn man beim Gehen bei sich bleibt, in sich gesammelt, vernimmt man die Geräusche der Umgebung, etwa das Knirschen des eigenen Schrittes im Schnee, das Rauschen eines Bachs, den Gesang eines Vogels. In einer meditativen Haltung können wir nach innen gesammelt sein und zugleich die von außen kommenden Töne und Laute wahrnehmen. Freilich müssen wir uns bewusst sein, dass wir nicht beim gewohnten Hören hängen bleiben dürfen.

Übung 8:

Meditativ hören –

Wer ist es, der hört?

Beim Hören, so wie wir es gewohnt sind, hören wir dorthin, woher der Laut, das Geräusch, der Gesang kommt. Beim meditativen Hören hingegen gehen wir nicht hin zum Vogelruf, holen die Laute nicht zu uns her, sondern lassen sie kommen und nehmen sie auf. In unserer Wahrnehmung findet ein Übergang statt vom Hören und Horchen zum Lauschen. Der Fokus liegt nicht mehr auf dem Gehörten, sondern beim Hörenden, bei uns selbst.

Wir fragen auch nicht: Woher kommt der Laut? Was ist das, was den Laut erzeugt? Welcher Vogel könnte es sein? Wir bewerten nicht: „Ach, das ist ja nur eine Krähe, die krächzt, und kein Gesang."

Wir nehmen vielmehr den Laut, das Geräusch, so auf, wie es bei uns ankommt, und belassen es dabei, ohne den Verstand einzuschalten mit seinen Bemerkungen und Bewertungen, die sich zwischen uns und die Töne schieben. Wir bleiben beim Hören, in der ersten, unmittelbaren Wahrnehmung, beim Laut, beim Gesang als solchem. Als hörten wir ihn zum ersten Mal.

Auch wenn ein bestimmter Laut, der Ruf des Bussards, das Rauschen des Baches, aus weiter Entfernung zu uns dringt ... es ist zugleich, als gäbe es keine Entfernung, keine Distanz. Nur unmittelbare, direkte *Berührung*.

Wir bleiben bei dieser Übung aber auch nicht beim Hören des jeweiligen Lautes hängen; wir horchen ihm nicht nach. Wir lassen die Töne kommen, wie sie kommen, und gehen, wie sie vergehen.

Wir sind offen für das Neue, das der nächste Schritt für uns bereithält. Wenn uns freilich etwas besonders anrührt, ein noch nie gehörter Laut, ein noch nie vernommenes Vogellied, so mag es angebracht sein, im Gehen innezuhalten und stehen zu bleiben, um zu lauschen. Dann ergeht es uns so wie Hermann Hesse im oben zitierten Gedicht: „Manchmal, wenn ein Vogel ruft, ... muss ich lange lauschen und schweigen."

Wir können diese Übung um einen Aspekt erweitern, wenn uns beim Gehen und Hören die Frage begleitet: „Wer ist es, der hört?" „Wer ist es, die hört?"

Das entspricht der Frage „Wer ist es, der/die da geht?", und es gelten dabei dieselben Gesetzmäßigkeiten, die wir in der Übung 3 gefunden haben, nämlich die Regeln für das Üben mit einem Koan. Diese klassische Übung stammt von dem großen japanischen Zen-Meister Bassui (1327–1387):

„Wer ist es, der in diesem Augenblick all die Laute vernimmt? Beim Ruhen und bei allen Verrichtungen hört nimmer auf, erkennen zu wollen, wer denn da hört. Dringt ohne Unterlass immer mehr und mehr in die Tiefe mit Fragen. Am Ende schwindet jede Spur von Bewusstsein eurer selbst; [ihr fühlt euch] einem klaren Himmel ohne eine einzige Wolke gleich. Darin findet man nichts, das ‚Ich' genannt werden kann, und auch keinen, der hört. Ein solcher Geist ist gleich der Leeren Weite …

Man muss aufs eindringlichste zu ergründen suchen: ‚Wer denn ist es, der diese Laute hört?' Wenn ihr euch blind für alles andere, mit unerschütterlichem Willen ausschließlich in diese Frage einbohrt, so wird selbst das Gefühl Leere Weite zunichte, und ihr seid euch keines einzigen Dinges mehr bewusst. [Haltet hier nicht inne, sondern] fragt euch ohne Überdruss: ‚Wohlan denn! Was nur ist es, das diese Laute hört?' Braucht eure Kräfte bis zum Letzten! Erst wenn das Fragen mächtig genug geworden ist, wird die Frage völlig zerbersten. Ihr fühlt euch dann wie einer, der von den Toten auferstanden ist. Das also ist Wahre Wesensschau …

Solltet ihr bei diesem Koan noch den geringsten Zweifel haben, so müsst ihr euch wieder dem Fragen zuwenden: ‚Was ist es, das hört?'

Wenn ihr in diesem Leben nicht zur Erleuchtung
gelangt, wann denn werdet ihr es? Was denn
verhindert Erleuchtung? Einzig euer laues Verlangen
nach Wahrheit."

Ähnlich wie bei Übung 3 gilt auch für das Gehen mit der Frage „Wer ist es, der hört?": Wenn es zwischen dem, der hört, und dem, was gehört wird, zur unmittelbaren Berührung kommt, wenn also der Hörende mit dem Gehörten eins wird, hat sich die Frage aufgelöst.

IX.

IN DER NATUR –
Gehen und Wandern
in freier Natur

Auf der Erde zu gehen, das ist das Wunder.

LINCHI (jap. RINZAI)

Wenn du eine Blume wirklich berührst,
berührst du den gesamten Kosmos ...
Schau tiefer, und du wirst dich selbst
als [ein Wesen] sehen, das mit jedem Wesen
und mit allem verbunden ist.

THICH NHAT HANH

Ich liebe die kleinen Blumen,
wie bald sie im Wind verwehn.
Ich weiß nicht, warum ich sie liebe. –
Ich habe sie blühen sehn.

Ich liebe den Sturm und die Stille,
die Lust und die Einsamkeit.
Ich weiß nicht, warum ich sie liebe. –
Das Leben ist wunderlich weit.

Ich liebe das Gute und Böse,
die Erde, die nimmermehr ruht.
Ich weiß nicht, warum ich sie liebe. –
Ich weiß nur, die Liebe ist gut.

ALOIS HERGOUTH

Zweckfreies Gehen fällt uns in freier Natur leichter als in künstlich von Menschen geschaffener Umgebung, wo so ziemlich alles auf den Nutzen und einen bestimmten Zweck hinweist. Das Blühen der Rose ist zweckfrei; es verfolgt keinen Zweck. „Die Ros' ist ohn' Warum, sie blühet, weil sie blühet", heißt es bei Angelus Silesius. Und kein Geringerer als Immanuel Kant bestätigt uns, dass die Schönheit der Natur frei ist von äußeren Zwecken und ihren Zweck *in sich* trägt.

Wenn man von Pflanzen und Tieren umgeben ist, fällt es auch leichter, im Hier und Jetzt zu sein. Wenn wir ein Tier beobachten, einen Bussard, der in der Luft seine Kreise zieht, ein Reh, das auf einer Waldlichtung äst, so *spüren* wir unmittelbar, dass sie ganz da sind, wo sie sind. Sie sind da *im Augenblick*, und ganz bei dem, was gerade ansteht, beim Jagen der Beute, bei der Suche nach Nahrung. Doch nicht nur das: Sie sind ganz das, was sie sind; vollkommen eins mit sich – was uns Menschen so abgeht. Eben das macht für uns wohl die Faszination aus, die von den Tieren ausgeht.

In der Natur gibt es die besonderen Orte, die uns wie von selbst zur Meditation einladen: der Wald, die Baumallee, die winterlich verschneite Landschaft, der Pfad am Bach entlang, am Flussufer, am Meeresstrand, das Gebirge, die Wüste.

Und es gibt besondere Zeiten, Zeiten der Stille, *atmosphärische* Zeiten: der frühe Morgen, der Abend, die Morgen- und die Abenddämmerung. Und die Nacht. Nachtwandern ist immer eine meditative Erfahrung.

Übung 9:

In Beziehung treten zu Erde, Stein und Baum

Bei unserem Üben ist der Atem das Medium, das zwischen uns und den uns umgebenden Dingen schwingt. Mit dem Medium des Atems zu gehen (vgl. auch Übung 4) schenkt uns die Erfahrung, dass wir nicht getrennt sind von der Umgebung, von der Erde, von Busch und Baum. Indem wir beim Einatmen bewusst die Luft einziehen und sie beim Ausatmen zurückgeben, erfahren wir unser Verbundensein mit allem, was uns umgibt. Wir erleben uns als „Teil des unendlichen Gebens und Nehmens in der Natur", wie der Autor Ulrich Grober so treffend schreibt.

Eine Übungsmöglichkeit besteht hier darin, dass wir im Gehen zur *Erde* hin atmen und den Einatem gleichsam aus der Erde in uns aufnehmen, ohne dabei die Qualität der Empfindung eigens zu benennen. Wir spüren im Ausatmen hin zum Boden, auf dem wir gehen, spüren hin zum Grund, der uns trägt und den wir als etwas Größeres als uns selbst erfahren. Wir nehmen beim Einatmen dankbar an, was uns die Erde schenkt: das Gefühl, vom Boden *getragen* zu sein, auf dem Boden mit unseren Füßen Halt zu finden. Indem wir nicht gleichgültig oder selbstherrlich die Füße aufsetzen, sondern auf den Weg achten und uns der Charakteristik des Weges anpassen, entsteht Verbundenheit und Harmonie mit dem Boden, auf dem wir gehen und der uns allezeit so selbstverständlich trägt. Wenn wir stolpern oder ausgleiten, müssen wir uns fragen, ob wohl unsere Achtsamkeit nachgelassen hat. Gehen, besonders das Barfußgehen erdet uns und befreit uns von den Illusionen, die so leicht in unserem Kopf entstehen. Wir verweilen nicht mehr in der Sphäre der Gedanken. Auf der Erde zu gehen hat für uns etwas Heilsames.

Wir können auch hinatmen zu einem *Baum*, zu einem *Berg*. Nicht hindenken, sondern ohne dass sich Gedanken einstellen und sich zwischen uns und den Baum, den Berg schieben, Kontakt aufnehmen. Wir können hinatmen zu den Dingen und im Einatmen etwas von der Lebendigkeit des Baumes, von der Kraft und Beständigkeit des Berges in uns aufnehmen. Indem wir zum Baum, zum Berg, zur Blume hinatmen, atmen wir Leben ein. Es ist ein Unterschied, ob wir etwas mit Gedanken zu erfassen versuchen und mit Worten benennen oder ob es zu einer unmittelbaren Berührung kommt. Gedanken formen ein Bild, eine Vorstellung von einem Ding, Worte bilden einen Begriff. Das Ding selbst, der wirkliche Baum, der Berg selbst, wird nicht berührt. Denken schafft Distanz und Trennung, und deshalb keine wirkliche und unmittelbare Beziehung. Der

Atem, der leer ist von Gedanken und Vorstellungen, ist das Medium, in dem sich Distanz und Trennung auflösen und in dem unmittelbare Berührung stattfindet.

Wir sollten uns bewusst werden, in welcher Distanz wir zu den Dingen, zur Umgebung, zur Natur leben; in welcher Entfremdung. Damit ist nicht so sehr die äußere Distanz gemeint, die uns von der Natur trennt, sondern mehr die *innere*, gefühlsmäßige, das Bewusstsein der Dinge als Gegenüber. Wir empfinden sie als Gegenstände, die uns gegenüberstehen. Die distanzierte, Distanz schaffende Wahrnehmung ist uns zur Gewohnheit und zur Grundeinstellung geworden: Da vor uns ist der Baum, dort der Berg, über uns der Himmel – und hier sind wir, dazwischen eine Kluft, die uns trennt und jede Berührung verhindert.

Es gibt jedoch Augenblicke, in denen es kein Gegenüber mehr gibt, in denen wir mit allem verbunden sind, in denen alles eins ist und wir mit allem eins sind. In diesen Augenblicken bewegen wir uns inmitten eines unermesslichen Universums und im All-eins-Sein erfahren wir unsere Zugehörigkeit zum All.

In solchen Momenten kann ein tiefes Gefühl von Heiligkeit in uns aufsteigen, ein Gefühl reiner Unschuld. Spontan leuchtet es in uns auf: das Paradies. Unser „Ich" vergessend, vergessend auch das Getrenntsein von der Natur, den Dingen, den Menschen, kommt uns das Wandern nun als ein Wandeln im Paradies vor. Sind nicht die ersten Menschen darin sogar dem in der frischen Morgenluft wandelnden Gott begegnet?

X.

PILGERN –
Der Pilgerweg

... was ich im ersten und eigentlichen bin:
ein Wanderer und ein Mönch – das zu sein
war mein eigentlicher „Beruf".

JÜRGEN VON DER WENSE

Wer weiß, wer ich bin? Ich wandle und wandle
mich.

RAINER MARIA RILKE

Es ist besser, weiterzulaufen, um die Sonne am
Himmel zu halten, den Fluss in seinem Bett,
den Baum an seiner Wurzel und
den Berg auf der Erde.

MARIO VARGAS LLOSA

Das Pilgern – so scheint es – hat ein Ziel: den heiligen Ort, einen heiligen Berg oder See, eine Wallfahrtsstätte.

Jedoch macht der Pilger – je länger er geht – die Erfahrung, dass der *Weg* vor dem Ziel an Boden gewinnt und wichtiger wird. Auf allen Pilgerstationen trägt er das Ziel, den heiligen Ort, den Heiligen, dem der Ort geweiht ist, schon mit und in sich. *Der Weg wird zum Ziel.*

Doch tut sich dahinter mitunter noch eine zweite, vielleicht entscheidende Erfahrung auf: Im zeitlosen Rhythmus des tage- und wochenlangen Gehens tritt der Weg zugunsten des *Gehens selber* in den Hintergrund.

Ein Wort des spanischen Dichters Antonio Machado, das wie eine Gebetsformel Jakobsweg-Pilger begleitet, bringt diese Verschiebung der Wahrnehmung auf den Punkt:

„*Caminante, no hay caminos, hay que caminar.*"

„*Wanderer, es gibt keine Wege, man muss gehen.*"

Wenn diese Dichterworte sich in der Erfahrung des Gehens bewahrheiten, wenn tatsächlich Ziel, Weg und Gehen eins geworden sind im Wanderer, dann schließt sich der Kreis, den dieses Buch beschreiben möchte: Wer geht? – Es geht. Zuletzt und zuerst ist da nur Gehen. Und die Erfahrung: Wandeln verwandelt, im Wandeln geschieht Verwandlung.

Übung 10:
Spirituell unterwegs sein mit einem Mantra

Beim Pilgern bieten sich alle bisher beschriebenen Übungen zum Gehen an, in besonderer Weise vielleicht aber das Gehen mit einem Mantra, seien es religiöse oder das Wesentliche berührende Worte. Zwei Beispiele:

In dem Buch „Aufrichtige Erzählungen eines russischen Pilgers" durchwandert ein frommer, anonym gebliebener Pilger jahrelang die weiten Steppen Russlands mit dem Jesusgebet auf den Lippen. In gleicher Weise können wir praktizieren, indem wir beim Einatmen *„Herr Jesus Christus"* und beim Ausatmen *„erbarme dich meiner"* rezitieren. Wieder passen sich dabei die Silben und Worte dem Gehrhythmus und also der Geländebeschaffenheit an, was beim kurzen Atmen auf steil ansteigenden Wegen abgewandelt werden kann in das Stoßgebet *Jesus* (ein), *erbarme dich* (aus-aus).

Nicht minder kraftvoll wirkt das Sanskrit-Mantra *om mani padme hūm,* jene tibetische Beschwörungsformel, die das Entstehen (*om*) und Vergehen (*hūm*) der Welt sowie die in ihr wirkenden Prinzipien des Männlichen (*mani*) und des Weiblichen (*padme*) ausdrückt. Während des Gehens wird – üblicherweise nur beim Ausatmen – das *om* allein oder die ganze Gebetsformel *om mani padme hūm* angestimmt.

Für welches Mantra wir uns auch entscheiden, wichtig ist, dass es mit dem Atemfluss und der Schrittfolge harmoniert. Die Worte schwimmen sozusagen auf dem Atem und ebnen den Beinen den Weg. In der Wiederholung verstärkt sich das Mantra und erfährt eine innere Resonanz, die den Körper beim Gehen rhythmisch mitschwingen lässt.

XI.

PIRSCHEN

Weisheit heißt bei uns „arandú",
das bedeutet wörtlich: „die Zeit fühlen".

VON DEN GUARANI AUS PARAGUAY

Manchmal möchte ich über eine ganz bestimmte
Strecke gehen ... Dann, meine ich, wird mein Leben
mir begegnen. Ich stelle ihm nach wie ein Jäger ...
Es muss ganz einfach der Weg und das Leben sein –
ein Weg, ... nie von Wanderern ausgetreten, ... wo
der kleine rote Schmetterling sich auf der Schafgarbe
häuslich niederlässt ...
Dort kann ich wandern und pirschen, ausschreiten
und mich müde laufen.

Du musst so sachte gehen, dass du die feinsten Laute
hörst, wobei das Denken sich ruhig verhält.

HENRY DAVID THOREAU

Pirschen ist das extrem verlangsamte Gehen im Wald und in der unberührten Natur, zumeist weglos durchs Unterholz, über die Heide oder im freien Gelände. Tempo, Rhythmus und Haltung können nicht vorgegeben werden, sondern müssen vom Gehenden *erspürt*, erahnt, erschlichen werden.

Betritt man den Wald und bewegt sich dort mit äußerster Langsamkeit und Lautlosigkeit, wird man von der Natur *erfasst*. Es ist ein Gehen fast wie in Trance, aber doch wach und achtsam, unhörbar und gleichzeitig intensiv erlebbar im Tastsinn der Füße: die Beschaffenheit des Bodens, das Unterholz, das nachgibt und knackt, das geschmeidige Ausweichen vor überhängenden Ästen. Man geht, ohne Geräusche zu machen oder Spuren zu hinterlassen, *so als wäre man gar nicht da gewesen*. Wie Shaolin-Mönche, die sich lautlos und ohne Spuren zu hinterlassen über hauchdünnes Reispapier bewegen.

Dabei schwingt die Anschauung mit, dass man beim Pirschen sein eigenes Nichts erschafft, indem man sich im Akt des Pirschens selber zum Verschwinden bringt. Das kann so weit gehen, dass eine pirschende Gruppe schweigend am Waldrand auftaucht und von den am Weg Spazierenden nicht wahrgenommen wird. Die eigene *Nichtigkeit* überträgt sich auf die Wahrnehmung von außen.

Ist das *Shunyata*, die buddhistische Leere? Keine Spuren zu hinterlassen, nichts, das vom eigenen Anwesend-Sein zeugt, entspricht dem chinesischen *Wu wei*, dem Nicht-Tun. Wir verweilen beim Nicht-Tun, dabei bleibt nichts ungetan: Wir sind ja doch durch den Wald gegangen, haben Distanzen zurückgelegt, Erfahrungen gemacht ... – dennoch ist die Perspektive völlig verändert.

Wir sind von uns selber „leer" geworden, indem wir zur Gänze in der Natur aufgegangen sind. Erfahrungen dieser Art stellen sich oft auch beim langen, einsamen, monotonen Gehen ein: Die Grenzen zwischen Selbst und Welt verschwimmen; eine umfassende Einheit tritt hervor.

Pirschen heißt nicht, sich anpirschen an ein Tier im Wald, vielmehr geht die Bewegung nach innen: Wir pirschen uns an uns selber an. In dieser Selbstannäherung kann sich unser Eigenwille (das Ego) auflösen und uns zu unserem Wesenskern führen.

Übung 11:
Weglos gehen im Wald

Die Kunst des Pirschens können wir am besten allein und im weglosen Gelände eines größeren Waldstückes ausüben. Da wir uns dabei mit äußerster Langsamkeit bewegen, sollten wir an entsprechend warme Bekleidung denken. Idealerweise tragen wir Schuhe mit weichen Sohlen oder gehen, wenn es die Witterung erlaubt, barfuß.

Die Übung wird eingeleitet mit dem sehr bewussten Gehen auf Waldboden, d. h., wir achten darauf, weder auf knackende Äste noch auf trockenes Laub zu treten. Wir bewegen uns leicht und geschmeidig, nehmen die Arme und Hände zu Hilfe, um das Gleichgewicht zu halten und Äste beiseitezuschieben. Oft bücken wir uns unter tief hängenden Ästen hindurch oder winden uns um Hindernisse herum. Wir achten sorgfältig darauf, keine Spuren zu hinterlassen; vor allem der Moosbewuchs auf Steinen oder an Baumstämmen darf nicht verletzt werden. Während des Gehens sind alle Sinne auf das Gehen, das Pirschen gerichtet. Besonders der Tastsinn intensiviert sich: Wir berühren Baumstämme, schmiegen uns an sie, streichen mit unseren Handflächen sanft über Fichten- und Tannenäste. Bei Gelegenheit tauchen wir die Hände in einen Waldtümpel oder in einen leise glucksenden Bach. Wollen wir in die Tiefe des Waldes schauen oder Geräuschen lauschen, halten wir in der Bewegung inne, hocken uns nieder, setzen uns auf einen Stein oder einen liegenden Baumstamm. Möglicherweise kommt in uns gelegentlich die Lust auf, uns auf dem weichen Waldboden auszustrecken und durch die Baumwipfel zum Himmel aufzuschauen.

Während des Pirschens verbleiben wir in einer Stille, die nur von den Geräuschen des Waldes untermalt wird. Manchmal schrecken wir einen Waldbewohner auf, der unsere Anwesenheit erst im letzten Moment bemerkt und flieht. Niemals überraschen wir bewusst ein Tier oder versuchen gar, es zu ergreifen. Das Pirschen gilt nicht dem Wild, sondern es ist das eigene Selbst, dem wir uns in der Stille der Natur annähern.

XII.
FASTEN DES
HERZENS

Fasten des Herzens heißt, leer von sich zu werden.
Der Atem wartet leer auf die Dinge.
Allein der Weg sammelt Leere.
Leere ist das Fasten des Herzens.

DSCHUANG DSI

Es gibt eine gewisse fruchtbare Trauer, der ich nicht
ausweichen möchte, die ich vielmehr ernsthaft suche.
Sie ist mir durchaus eine Freude,
denn sie bewahrt mein Leben davor,
banal zu werden.
Mein Leben fließt jetzt mit einer tieferen Strömung dahin.

HENRY DAVID THOREAU

Ich wünsche sehr, wie die dahintreibenden Wolken
mit dem Herzen des Nirgends-Wohnens zu leben.
Bitte besorgen Sie mir nur das, an das ich mich nicht
zu binden brauche, und dem mein Herz nicht allzu
sehr verpflichtet wird.

BASHÔ

Gehen mit fastendem Herzen bedeutet, dass man aufhört, sich an etwas im Leben zu klammern. Vielleicht ist dieses Gehen das unmittelbarste, weil die Flüchtigkeit aller Dinge in der beständigen Wanderschaft beim Gehen am deutlichsten hervortritt.

Alle Sicherheiten werden fahren gelassen. Das fastende Herz – die leichte Traurigkeit, die dieses Gehen begleitet – weiß um die Flüchtigkeit aller Freuden, Begegnungen, Bindungen und hat sich darin eingefunden. Es steht in stillem Einvernehmen mit der Endlichkeit, ohne sich über den unaufhaltsamen Wechsel der Dinge hinwegzutrösten durch zukünftig zu Erreichendes oder jenseitig zu Erlangendes.

Das fastende Herz verzichtet auf den transzendenten Trost zugunsten einer immanenten Erfahrung von Bewegung ganz im Hier und Jetzt. Dass es dabei ein ums andere Mal Abschied nehmen muss, wird in der Bewegung der Beine zum Schritt deutlich: Die sich zum Schritt öffnenden Beine sind weder eins noch zwei, sondern überbrücken dynamisch die Leere, die sie bei jedem Schritt erneut aufspreizen.

Analysiert man die Gehbewegung genauer, so ist jeder Schritt ein Fallen und Auffangen. Das Vertrauen, beim Wiederaufsetzen des Fußes aufgefangen zu werden, ist die Voraussetzung für das Heben des Beines. So verstanden ist das Gehen restlose Hingabe, bedingungsloses Sich-aufs-Spiel-Setzen.

Ein solches Gehen verzichtet auf jeden Besitz; es hält auch nicht an sich selber fest. Was können Wandernde schon besitzen? Man geht sich frei von seinem Besitz, aber auch vom

Territorium, das gleichermaßen das Land (*terra*) und den Schrecken (*terror*) meint. Das bedeutet aber in letzter Konsequenz, dass man sich selber für vogelfrei erklärt, oder poetischer formuliert, sich als *Wandermönch im windflatternden Gewand* (Bashô) begreift.

Das fastende Herz wohnt nirgends, es hält sich an nichts fest und fügt sich dem Wandel der Dinge. Es lässt zuletzt auch seine Identität los, so leer ist es inzwischen geworden.

Übung 12:
Abschied nehmen beim Gehen

Der bevorzugte Übungsort für das Abschiednehmen beim Gehen ist der Pilgerweg: Tage- und wochenlanges Gehen erleichtert die Imagination des Für-immer-Abschied-Nehmens; allerdings kann das *Gehen mit fastendem Herzen* auch auf einer längeren Wanderung oder – wenn wir über genügend Vorstellungskraft verfügen – sogar auf einem einsamen Spaziergang geübt werden.

Vor unserem geistigen Auge ersteht der Weg, den wir begehen, als Weg in die Fremde. Gelegentlich richten wir den Blick zum Horizont, zu entfernten Hügeln, oder lassen ihn über eine weite Ebene vor uns bis hinauf zu den kaum wahrnehmbaren Silhouetten ferner Gebirgszüge schweifen.

Wir haben mit unserem bisherigen Leben abgeschlossen, kein Begehren klammert sich mehr an das Vergangene, auf dem Weg umzukehren kommt uns nicht in den Sinn. Wir vertrauen uns dem Himmel über uns und der Erde unter uns an. Das bewusste Achten auf den Ausatem unterstützt dabei unsere Übung, ist doch jedes Ausatmen ein Vorgang des Loslassens.

Unser Schritt ist bedächtig, es zieht uns zu keinem Ziel hin; wir haben die Heimat verlassen und sind nun bei uns angekommen. Nichts drängt uns, Obdach zu finden.

Es gibt nichts mehr zu gewinnen, und wir bedürfen keines Trostes. Wir wandern zuversichtlich, begleitet von Wind und Regen, Sonne und Mond.

Das Gehen selber wird zu unserer Zuflucht, der dynamische Leib wiegt sich im Rhythmus von Atem und Schritt. Wir bewegen uns, langsam und sicher ... – auf diese Weise bewahren wir uns bis zuletzt.

Gipfelerfahrungen –
Berichte von Gehenden

Die zwölf vorgestellten Methoden des meditativen Gehens werden von uns in Seminaren zum achtsamen meditativen Gehen im Rahmen von Zen-Kursen vermittelt, zu allen Jahreszeiten – so auch das Wandern mit Schneeschuhen im Winter – und in verschiedenen Regionen und Ländern auf Pilgerwegen und thematischen Wanderungen.

Wir danken den Teilnehmerinnen und Teilnehmern unserer Kurse, die bereit waren, ihre persönlichen „Gipfelerfahrungen" *[peek experiences]* beim meditativen Gehen mitzuteilen. So vielfältig und komplex die individuellen Eindrücke sind, so erstaunlich ist auch der verbindende Grundton der Erfahrungen. An der Quelle, so könnte man sagen, trinken alle aus demselben Becher. Und zuletzt ist es der Alltag, in dem sich jede spirituelle Einsicht bewähren muss: in der Familie, bei der Arbeit, in der Schlange an der Supermarktkasse. „Der Alltag ist der WEG", sagen die alten Meister.

Irmgard, 52

„Ich nahm erstmals 2005 an einem Seminar ‚Zen und Wandern' teil. Unser Leiter hatte uns für unterwegs zu einer Übung eingeladen: ‚Atme hin zur Erde, zu den Blumen, zum Berg.' Am Fuße des Hochkönigs in über 1500 Metern Höhe angekommen, legten wir eine längere Rast ein.

Mit Blick auf das Bergmassiv des Hochkönigs streckte ich mich im weichen Gras aus und lauschte auf meinen Atem. Nach einiger Zeit erfüllte mich ein inniges Gefühl von Verbundenheit mit dem Hochkönig. Ich spürte eine tiefe innere Beziehung. Ich, die Betrachterin, und das Betrachtete wurden mehr und mehr eins. Ich spürte das Leben in ganzer Fülle, und es kam mir vor, als würde der Berg zu mir sprechen: ‚Siehst du, wie viel Leben in mir ist: Wasser in Hülle und Fülle; es sprudelt nur so. Ich habe Wasser für dich, für euch, für Tiere und Menschen. Vielen Wesen gebe ich ein Zuhause: den Kühen, den Schafen, den Gämsen, den Murmeltieren, den Pferden, den Schmetterlingen, den Bienen, den Vögeln, den Fliegen, Schnecken und Ameisen, Würmern, Fischen, Kröten und auch den Menschen. Meine Felsen sind geschmückt mit einer wunderbaren Vielfalt an bunten Blumen; verschiedenste Gräser, köstliche Früchte, Pilze aller Art und Bäume können sich entfalten.'

Staunend, mit großer Demut und tiefer Dankbarkeit ging ich weiter."

Christine, 57

„‚Der eine Urgrund enthält alle Gründe', hieß es im morgend-
lichen Vortrag vor dem Aufbruch. Ich will immer alles verstehen,
und daran scheitere ich mitunter. Insofern ist das meditative
Gehen eine heilsame Übung für mich. Im Nur-Gehen ist das
All-Eine vielleicht am ursprünglichsten gegenwärtig; wo nur
mehr Raum und Weite sind, da komme ich zum Grund meines
Seins, zum Urgrund meines Daseins und zur größten Freiheit
des Lebens.

Niemand kann den Weg für uns gehen! Wir können nur
unsere eigenen Erfahrungen machen! Niemand kann für uns
oder anstelle von uns das Loslassen einüben, vertrauensvoll den
Weg beschreiten und in der Spur bleiben. Wir können einander
begleiten, aber jede und jeder geht für sich.

‚Ein Wort, wirklich erfahren, übertrifft Millionen Jahre der
Übung.' Es gibt also Hoffnung! *Ein* Wort ... nicht mehr und
nicht weniger!"

Edith, 73

„Das Herzensgebet wird mir in der Wanderwoche zu einem
lieben Begleiter. In der Meditation, beim Gehen, im Zendo, bei
Tisch, vorm Einschlafen. Ich bete es so oft wie möglich, immer
in Verbindung mit dem Atem.

Es ist ein heißer Nachmittag, nach vielen Stunden des Gehens steht noch der Anstieg zur Unterkunft an. Der letzte Hang ist recht steil, die Sonne brennt und meine Kräfte lassen nach. Ich bin so erschöpft, so müde, meine Beine sind schwer. Ich will den Abstand zu der Frau, die vor mir geht, nicht größer werden lassen. Ich will nicht zurückfallen. Immer wieder das Herzensgebet und tief atmen. Das hilft mir. Meine Aufmerksamkeit ist beim kräftigen Aus- und Einatmen, beim Beten und in meiner Leibmitte. Ich kann weitergehen, ich schaffe es! Und auf einmal spüre ich meine Müdigkeit, meine Erschöpfung und meine Unlust nicht mehr. Freude kommt auf. Neue Energien und Kräfte kommen mir zu. Ich bin sehr dankbar. Ja, ich kann mit dem Tempo mithalten, durchhalten. Juhu, geschafft! Diese Erfahrung stärkt mich unheimlich.

Mein Atem ist wie eine Säule durch meinen Leib, aus der Erde durch mich hindurch in Richtung Himmel und zur Erde zurück. Auf und ab. Der Atem berührt alle Chakren. Ich werde gereinigt und sauber gemacht, so wie ein Kamin durchgeputzt wird.

Jeder Atemzug streift mein Herz, berührt mein Herz, als würde es gestreichelt. Gut so, welche Wohltat! Gedanken sind nicht mehr wichtig und verschwinden für lange Zeit ganz."

„Das achtsame Wandern hat mich lebendig gemacht, das haben auch meine Lieben zu Hause bemerkt – jeder auf seine Art: Die Jüngeren glaubten, ich sei ganz besonders raffiniert geschminkt und gestylt, als sie mich am Tag nach meiner Rückkehr sahen. Meine weise alte Freundin spricht heute noch davon, dass sie mich selten so strahlend gesehen hat wie am Abend nach der Rückkehr von dieser ‚anstrengenden‘!!! Bergtour.

Das Tote Gebirge war mein Himalaya ... und ich bin immer noch voll Freude über das Erlebte; es war ein ganz unerwartetes Geschenk.“

„Im Zustand des achtsamen Gehens nehme ich alles um mich herum viel intensiver wahr ..., als ob ein Schleier von der Landschaft, auch von den Menschen, weggezogen würde: Alles erscheint klarer, leuchtender. Alles berührt mich intensiver, das Rauschen in den Bäumen, jedes Glitzern einer Wasserpfütze, das Sonnenlicht auf den Blättern ..., auch der Blick oder die Geste eines Mitwandernden.“

„Wenn ich im Rhythmus von Atem und Schritt gehe, spielt es keine Rolle, wie das Wetter ist, wie weit der Weg schon war oder noch sein wird. Ich gehe im Hier und Jetzt, da kommt keine Müdigkeit oder Erschöpfung auf. Ich fühle mich nach sechs Stunden noch ebenso heiter und gesammelt wie zu Beginn."

„Beim Schneeschuh-Wandern im Schweigen war ich müde und erschöpft. Plötzlich öffneten sich meine Ohren in der prallen Mittagssonne dem Rhythmus der Schritte vor und hinter mir. Mit einem Mal fühlte ich mich getragen wie in einer Hängematte, in der Gemeinschaft aller, die da mit mir unterwegs waren, und ich wusste nichts mehr von Müdigkeit und Erschöpfung. Ich dachte auch nicht mehr an die Strecke, die wir schon hinter uns hatten, und auch nicht an die, die noch vor uns lag."

„Wenn ich schweigend im Rhythmus des Atems und der Schritte unterwegs bin, kann es geschehen, dass ich mich überdimensional wahrnehme: weit über die Baumwipfel hinausragend und mit meterlangen Beinen dahinschreitend, mit der Kraft eines gewaltigen Tiers im Bauch."

„Wieder einmal atmete ich beim Gehen durch meine Fersen tief hinunter in die Erde und weit hinaus in die Baumwurzel-Geflechte am Rande des Weges. Da wurde mir plötzlich bewusst, wie ich auf der Straße meiner Innenwelt gehe ... Der Weg verläuft hinauf, hinunter, wie im Inneren einer Kugel, aber ich verliere nicht den Boden unter meinen Füßen."

„Als ich mich einmal in der Stille des Gehens vor einem herabstürzenden, in der Sonne leuchtenden Gebirgsbach verneigte, überwältigte mich ein bisher unbekanntes Glücksgefühl, sodass ich meinte, die tiefe Freude würde mich zersprengen. Ich schüttete diese Freude über alle, die mit mir unterwegs waren, weil ich meinte, nur so könne ich es ertragen."

„Beim achtsamen Wandern kann ich viel größere Herausforderungen bezüglich Wegstrecke und Schwierigkeitsgrad riskieren, als wenn ich in gewohnter Weise plaudernd mit Freunden durch die Lande ziehe. Das stille und konzentrierte Gehen führt mich in einen Zustand von Mühelosigkeit und aufmerksamer Wachheit."

„Manchmal tauchen ganz tief in meinem Wesen verborgene Erfahrungen auf, die ich dann gleich in der Konzentration des Gehens verarbeiten kann. So kamen bei meiner letzten Wanderung Erinnerungen aus meiner frühesten Kindheit an die Oberfläche, und plötzlich fand ich mich in einem innigen Zwiegespräch mit meiner lange verstorbenen Mutter. Ich meine, dass diese Stunden im Zwiegespräch den Wert von einigen psychotherapeutischen Sitzungen bei Weitem übertroffen haben."

Elisabeth, 79

„Der Gipfel ist das Ziel – der Weg ist das Ziel. So viele Gemeinsamkeiten und doch: welch fundamentaler Unterschied!

Der Gipfel ist das Ziel: Alle Kräfte und alle Aufmerksamkeit sind auf das Erreichen des Gipfels ausgerichtet. Das erreichte Ziel – ein Augenblick der Erfüllung! In die Leere des Abstiegs der Gedanke an den nächsten Gipfel, die Wiederholung dieses Erfülltseins. Eine Perlenschnur, unendlich lang, aber keinen Kreis umschließend.

Der Weg ist das Ziel: Es ist nicht irgendein Weg, sondern einfach *der* Weg, Schritt für Schritt, ein Fuß vor den anderen. Paradox, weil eben kein Ziel in Sicht ist, das Maß des Schrittes aber die Ziellosigkeit ausschließt. Alle Aufmerksamkeit dem Schritt und dem Atem zugewandt; kein Erwarten, keine Absicht, mehr eine Leere, die aber nicht Mangel an etwas ist. Nicht die Uhr, sondern der Einklang von Atem und Schritt bestimmt das Maß der Zeit, hebt sie in gewissem Sinne auf. Der Kreis aus Atem und Schritt erweitert sich so allmählich in konzentrischen Ringen. Eine Ahnung von unendlicher Erfüllung.“

„Ein riesiges, von Stürmen und Borkenkäfern zerstörtes Waldstück am Nordkamm. In der Achtsamkeit des Schweigens, Gehens, Atmens überfällt meine Seele unvermutet der alte, kaum auszuhaltende Schmerz über die Verwüstung der Natur, über den unwiederbringlichen Verlust so vieler Schönheiten unserer Erde. Wie oft konnte ich ihm nichts entgegensetzen außer der Verzweiflung an der Sinnlosigkeit des Daseins in seinen verschiedenen Spielarten. Im Schweigen, Gehen, im Fühlen des Schmerzes und dem Wahrnehmen der Verwüstung sehe ich plötzlich nur mehr die vielen grünen Bäumchen zwischen den toten Stämmen, den neuen, gesunden Wald, dem der alte, abgestorbene Platz gemacht hat. Und ich erfahre ein Einschwingen in das Gesetz des Werdens und Vergehens, ein Ja zur Sinnhaftigkeit aller Seinsformen und ihrer Wandlungen. Das Erahnen einer schöpferischen Kraft, die aller Evolution innewohnt und uns trägt, in der Erschaffen und Zerstören zusammenfallen in etwas, wofür es keinen Begriff gibt."

„Total erschöpft und schweißnass sitze ich in der Mittagshitze an den Stamm einer Fichte gelehnt. Fühle nur die Schwäche, mag nicht trinken, essen, nichts sehen, denken …

Ein oft erlebter Zustand, den ich immer so rasch wie möglich beenden wollte, weil ich ihn als erniedrigend, beängstigend,
mich und andere störend erlebe. Normalerweise! Aber was ist
schon ‚normal' beim ‚Grenzgehen'? Ich bin einfach schwach
und sonst nichts, lasse mich schwach sein und schaue mir dabei
zu, ohne Ärger, ohne Angst. Und entdecke, dass Schwäche
nicht das minderwertige Gegenstück zu Stärke ist. Dass meine
oft gehasste Schwäche förmlich aufatmet, weil ich sie annehme
und nicht verurteile. In diese Erfahrung hinein fällt plötzlich
eine Wolke schwarzer Fliegen, die sich begeistert auf meiner
schweißbedeckten Haut niederlassen. Ein paar Abwehrbewe-
gungen – sinnlose Kraftvergeudung, weil der aufgescheuchte
Schwarm sofort wieder auf meiner Haut Platz nimmt, sobald
ich aufhöre. Ich lasse die Fliegen auf mir sitzen, nehme ihren
Eifer, das salzige Nass zu saugen, wahr, ihr Gekitzel, Gekrabbel,
Gesumme, lasse alles ruhig geschehen, was ich ‚normalerweise'
nie ruhig geschehen lassen würde. Auf einmal sehe ich mich eins
werden mit einem frischen Kuhfladen, den schwarze Fliegen-
schwärme ebenso emsig bearbeiten, und freue mich innig bei
dem Gedanken, dass die von uns verächtlich ‚Schmeißfliegen'
genannten Insekten auf diese Weise an der Transformation aller
Formen mitarbeiten."

„Teichrast – Binsen am Ufer, eine spiegelglatte Wasserfläche, in der Mitte eine kleine Insel Wasserknöterich, über der ein Wölkchen rosaroter Blüten schwebt. Auf der silbrigen Oberfläche des dunklen Wassers schießen Wasserläufer hin und her. Ein Gewirr, das mich schwindlig macht, weil sich jeden Augenblick die Szene ändert und der ruhige Wasserspiegel sich immer wieder in andere Kreise, Linien, Punkte auflöst. Das ruhige Hinschauen wird schwierig, weil es dauernd durchkreuzt wird von der Wahrnehmung ständiger, chaotisch wirkender Veränderungen, über denen die rosarote Blütenwolke unbewegt schwebt. Allmählich weicht der Schwindel, das aufgeregte Hin und Her bleibt, aber stört nicht mehr, der Blick wird weit, ruhig und klar. Unvermittelt bin ich in dem Gewirr der Wasserläufer, sehe sie aufeinanderzulaufen, sich kurz berühren, wieder weiterlaufen, sich abermals berühren oder kurz vor der Berührung abdrehen. Ihre Spuren erzeugen kleine Wellen, die in immer weiter werdende Linien ausschwingen, sich kreuzen, allmählich verschwinden und neuen Konstellationen Platz machen. Alles ist mit allem verbunden, kein wirres Durcheinander mehr …
– reines klares Sein.“

Stephanie, 42

„Es war eine ganz besondere Zeit für mich, als ich meine erste Erfahrung mit dem achtsamen Wandern machte. Zuerst dachte ich: ‚Ach super, einfach mal ein bisschen langsamer gehen, kein Blick auf die Uhr, du musst nicht nach dem Weg schauen, kein Smalltalk, lass dich drauf ein und widme dich der Aufgabe, die dich auf dem heutigen Weg begleitet.‘

Aber so einfach war das gar nicht! Das langsame Gehen ist durchaus eine Herausforderung für mich, die es gewohnt ist, im Laufschritt durch den Wald zu jagen. ‚Kein Blick auf die Uhr‘, ja, und wie spät ist es denn nun? Machen wir bald Pause? Wo sind wir und wie verläuft die Route auf der Karte?

Nicht reden zu müssen ist durchaus eine Erleichterung, aber es bedeutet auch, dass der innere Rohrspatz, der laut fluchend nach einer Pause ruft, still vor sich hin fluchen muss und kein Gehör findet.

Sich einer Aufgabe zu widmen, wenn einen ständig Fragen beschäftigen, ist keineswegs einfach, sondern eher frustrierend. Aber nach ein paar Tagen fiel mir das Loslassen von verinnerlichten Gewohnheiten leichter, und für das Wahrnehmen der Achtsamkeit beim Gehen war plötzlich mehr Raum. Ja, es hat sich etwas bewegt in dieser Zeit!

Wenn ich jetzt einen Wanderurlaub im Kleinwalsertal mache, durch die Fußgängerzone gehe oder nach Feierabend den Einkauf nach Hause trage, erinnere ich mich an das achtsame Gehen und schalte einen Gang zurück … und es funktioniert! Dann ist plötzlich auch Zeit für ein freundliches Wort für die Verkäuferin oder die Mutter mit ihrem Kind, die in der Schlange an der Kasse wartet!"

Quellennachweis

S. 7 *Von deinen Sinnen ...* aus: Rilke 1986 (S. 240)

Geh und suche ... aus: Henry David Thoreau, Aus den Tagebüchern 1837–1861, hrsg. V. Susanne Schaup (S. 96 und alle
weiteren unten genannten Thoreau-Zitate) © MSB Matthes &
Seitz Berlin Verlagsgesellschaft mbH, Berlin 1996

Zu meinen Versen ... aus: Rilke 2013 (S. 138 f.)

S. 14 Nacherzählt aus dem Band *Warum der Schäfer jedes Wetter liebt,*
Herder 2002

S. 24 *Wir sind die Treibenden ...* aus: Rilke 1986 (S. 689)

Lauf mit deinem Atem ... aus: Fred Rohé, 1978 (o. S.)

S. 30 *Es geschieht so selten ...* aus: Thoreau 1996 (S. 93)

S. 35 *Habe Geduld gegen alles Ungelöste ...* aus: Rilke 2013 (S. 524)

S. 38 *Was redet durch Blätter und Wind ...* aus: Hergouth 2005 (S. 575)

Es gibt kein Glück ... aus: Weil 1996 (S. 18)

S. 39 *Sehen mit Gesehenwerden ...* aus: Nikolaus von Kues 1985 (S. 28 f.)

S. 41 *Die Wahrnehmung von Schönheit ...* aus: Thoreau 1996 (S. 122)

S. 46 *Je mehr man einen Gegenstand ...* aus: Thoreau 1996 (S. 127)

S. 47 *Ziehende Landschaft* aus: Hilde Domin, Gesammelte Gedichte.
© S. Fischer Verlag GmbH, Frankfurt am Main 1987, S. 13

S. 48 *Es folgt der Mensch der Erde ...* aus: Laotse 1995 (Kap. 25)

S. 51 *Wie soll ich erklären* ... aus: Jacques Lusseyran, Das wiedergefundene Licht. Die Lebensgeschichte eines Blinden im
französischen Widerstand. Übersetzt aus dem Französischen
von Uta Schmalzriedt (S. 30 f.) © 1963 by Jacques Lusseyran
Klett-Cotta, Stuttgart 1966

S. 56 *Der Mensch ist weder Vogel noch Wurm* ... aus: Dürckheim,
Hara. (S. 69–72), © 2010 Droemersche Verlagsanstalt
Th. Knaur Nachf. GmbH & Co. KG, München

Der Weg führt hoch oben am Berg... aus: Matthiessen 1978 (S. 131)

S. 57 *Meditative Übungen ohne Hara* ... aus: Dürckheim, Hara.
(S. 6 und 126) © 2010 Droemersche Verlagsanstalt Th. Knaur
Nachf. GmbH & Co. KG, München

S. 62 *Unendlich* aus: Rose Ausländer, Wieder ein Tag aus Glut und
Wind. Gedichte 1980–1982. (S. 68) © S. Fischer Verlag GmbH,
Frankfurt am Main 1986

Ich versuche einfach nur ... aus: Chadwick 2000 (S. 297)

Manchmal ... aus: Hermann Hesse, Sämtliche Werke in
20 Bänden. Herausgegeben von Volker Michels. Band 10.
© Suhrkamp Verlag, Frankfurt am Main 2002.
Alle Rechte bei und vorbehalten durch Suhrkamp Verlag Berlin

S. 72/73 *Wer ist es, der in diesem Augenblick* ... aus: Kapleau, Die drei
Pfeiler des Zen (S. 232 f.) © 2010 Droemersche Verlagsanstalt
Th. Knaur Nachf. GmbH & Co. KG, München S. 76
Wenn du eine Blume... aus: Thich Nhat Hanh 1996 (S. 98)

S. 77 *Ich liebe die kleinen Blumen* ... aus: Hergouth 2005

S. 84 … was ich im ersten … aus: Jürgen von der Wense, Geschichte einer Jugend. (S. 420) © MSB Matthes & Seitz Berlin Verlagsgesellschaft mbH, Berlin 1999

Wer weiß, wer ich … aus: Rilke 2013 (S. 129)

Es ist besser … aus: Mario Vargas Llosa, Der Geschichtenerzähler. Aus dem Spanischen von Elke Wehr.
© Mario Vargas Llosa 1987. © der deutschen Ausgabe Suhrkamp Verlag, Frankfurt am Main 1990

S. 91 *Manchmal möchte ich…* aus: Thoreau 1996, (S. 90 f.)

S. 98 *Fasten des Herzens …* aus: Wohlfahrt 2002 (S. 78 und 81)

Es gibt eine gewisse … aus: Thoreau 1996 (S. 91)

Wir danken für die Abdruckgenehmigungen aus den angegebenen Werken. Wir haben uns bemüht, alle Inhaber von Textrechten ausfindig zu machen. Sollten Rechteinhaber hier nicht aufgeführt sein, bitten wir diese, sich mit dem Verlag in Verbindung zu setzen.

Fotonachweis

Seite 17 / 23 / 45 / 83 / 89 / 97 Marcus Hillinger

Seite 29 Erna Höllinger

Seite 37 / 55 / 67 / 75 Ermin Döll

Seite 61 Sylvia Spiessberger

Seite 125 (Foto von Ermin Döll) Alexander Laabmayr, Salzburg

Literatur

Rose Ausländer, Wieder ein Tag aus Glut und Wind
Gedichte 1980–1982, S. Fischer 1986.

Bashô, Auf schmalen Pfaden durchs Hinterland, Dieterich 2001

Byung-Chul Han, Philosophie des Zen-Buddhismus, Reclam 2011

David Chadwick, Shunryu Suzuki oder die Kunst, ein Zen-Meister
zu werden, O. W. Barth 2000

Paulo Coelho, Auf dem Jakobsweg. Tagebuch einer Pilgerreise nach
Santiago de Compostela, Diogenes 1999

Hilde Domin, Gesammelte Gedichte, S. Fischer 1987 (6. Aufl.)

Karlfried Graf Dürckheim, Hara. Die energetische Mitte des
Menschen, O. W. Barth 2012

Meister Eckehart, Lateinische Werke II, Kohlhammer 1992

Hubert Feurstein, Pilgern. Die unerlässliche Reise, um anzukommen,
wo man ist. Ein Handbuch mit Übungen für Agnostiker,
Gläubige, Zweifelnde und Neugierige, Ibera 2006

Ulrich Grober, Vom Wandern. Neue Wege zu einer alten Kunst,
Zweitausendeins 2006

Alois Hergouth, Das lyrische Werk, Wieser 2005

Hermann Hesse, Die Gedichte, Suhrkamp 2000

Juan Ramón Jiménez, Herz, stirb oder singe. Gedichte, Diogenes 1977

Emmanuel Jungclaussen (Hrsg.), Aufrichtige Erzählungen eines russischen Pilgers, Herder 1974

Philip Kapleau, Die drei Pfeiler des Zen, O.W. Barth 2010

Laotse (Lau Dse), Tao-te-king (Dau-De-Dsching), übers. v. Ernst Schwarz, Kösel 1995

Jacques Lusseyran, Das wiedergefundene Licht, dtv 2000 (11. Aufl.)

Peter Matthiessen, Auf der Spur des Schneeleoparden, Knaur 1978

Anthony de Mello, Warum der Schäfer jedes Wetter liebt, Herder 2002 (6. Aufl.)

Nikolaus von Kues, Das Sehen Gottes, Trier 1985

Max Picard, Nach Santa Fosca. Tagebuch aus Italien, München 1989 (Zerstörte und unzerstörbare Welt, Zürich 1951)

Rainer Maria Rilke, Die Gedichte, Insel 1986

Ders., Es wartet eine Welt. Lebensweisheiten, dtv 2013

Fred Rohé, Zen des Laufens, Bodymind 1978

Richard Rohr, Pure Präsenz. Sehen lernen wie die Mystiker, Claudius 2010

Johann Gottfried Seume, Spaziergang nach Syrakus im Jahr 1802, dtv 1985

Angelus Silesius, Cherubinischer Wandersmann, Manesse 1986

Shunryu Suzuki, Zen-Geist, Anfänger-Geist, Theseus 2012 (1975)

Thich Nhat Hanh, Aus der Tiefe des Verstehens die Liebe berühren, Theseus 1996

Thich Nhat Hanh, Der Geruch von frisch geschnittenem Gras. Anleitung zur Gehmeditation, Theseus 2007 (Zen-Klausen, 1. Aufl. 1986)

Henry David Thoreau, Aus den Tagebüchern 1837–1861, hrsg. v. Susanne Schaup, Tewes 1996

Eckhart Tolle, Stille spricht, Goldmann Arkana 2003

Mario Vargas Llosa, Der Geschichtenerzähler, Suhrkamp 1990 (1987)

Simone Weil, Cahiers. Aufzeichnungen, 3. Bd., C. Hanser 1996

Jürgen von der Wense, Geschichte einer Jugend. Tagebücher und Briefe, Matthes & Seitz 1999

Günter Wohlfahrt, Zhuangzi (Dschuang Dsi), Herder 2002

Über die Autoren

Ermin Döll, geb. 1936, ist Theologe und spiritueller Lehrer aus Wien. Seine Zen-Ausbildung hat er in Deutschland und Japan bei christlichen Meistern wie Pater Lassalle und den buddhistischen Meistern Yamada Koun Roshi und Harada Tangen Roshi erhalten. Er leitet seit über dreißig Jahren Zen-Kurse.

Informationen zu den Angeboten in Zen-Meditation und Zen und Wandern finden Sie unter *www.puregg.org*.

Marcus Hillinger, geb. 1968, ist Philosoph, Erwachsenenbildner, Prozessbegleiter und Mediator. Er praktiziert seit über zwanzig Jahren Zen- und Gehmeditation bei Ermin Döll (Wien) und Harada Tangen Roshi (Japan).

Er leitet Zen-Kurse und geführte Wanderungen im Schweigen; Vortrags- und Seminartätigkeit in den Bereichen Philosophie, Lebenskunst und Achtsamkeit.

Weitere Informationen zu den Angeboten finden Sie unter *www.shindo.at*.

Klarheit durch Zen

Das Erste, was wir verstehen sollten, ist, dass ein Job nie einfach
nur ein Job ist. Unsere Arbeit ist
Ausdruck unseres Lebens, und
wir alle verbringen sehr viel Zeit
damit. Grund genug, hier für
mehr Zufriedenheit zu sorgen.
Es geht dabei gar nicht so sehr
um die Einzigartigkeit unseres
Tuns, sondern vielmehr darum,
wie wir etwas tun. Zen kann hier
Klarheit schaffen.

Mit der Praxis des Zen finden wir
Frieden und Glück in uns selbst,
die wiederum Basis für wahrhaft
erfolgreiches Handeln sind.

Peter Steiner
Das Zen des glücklichen Arbeitens
Mehr Sinn und Zufriedenheit in Job und Alltag
192 Seiten, Broschur
ISBN 978-3-89901-426-6

theseus-verlag.de

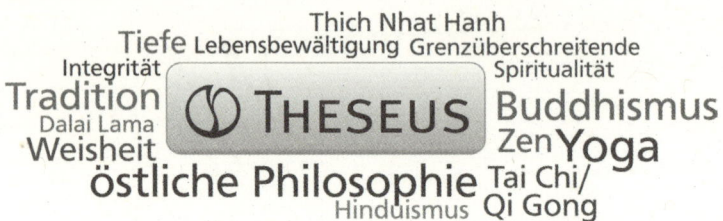

Mit Liebe fürs Detail und für die Umwelt

Bei der Auswahl der Inhalte, die wir präsentieren, achten wir auf Originalität, Kompetenz, Praxisrelevanz und Qualität. So können wir mit Herz und Seele hinter unseren Büchern, Hörbüchern, Filmen und den anderen Produkten stehen, die wir mit viel Liebe und Aufmerksamkeit bis ins letzte Detail fertigen.

Wir leisten einen aktiven Beitrag zum Umweltschutz und verbrauchen nur wirklich notwendige Ressourcen — so sparsam wie möglich. Wir drucken überwiegend auf 100% Recyclingpapier oder produzieren unsere Titel klimaneutral. 99% unserer Fertigung findet in Deutschland statt, so haben wir kurze Transportwege und unterstützen die lokale Wirtschaft.

Inspirationen, interessante und wertvolle Neuigkeiten, Wahres, Schönes & Gutes sowie wichtige Termine können Sie regelmäßig in unserem Newsletter erfahren oder hier: **www.facebook.com/weltinnenraum**

weltinnenraum.de

J.Kamphausen | Mediengruppe